改正のポイントをつかむ！

税理士が知っておきたい

民法[相続編]改正 Q&A

税理士 上西 左大信 著

税務研究会出版局

推薦にあたって

　税理士は、税務に関する専門家として、独立した公正な立場において、申告納税制度の理念にそって、納税義務者の信頼にこたえ、租税に関する法令に規定された納税義務の適正な実現を図ることが使命です。この使命に基づいて税理士業務を遂行していくことが税理士の存在意義をより一層高めるとともに、税理士の社会的信頼の向上につながります。

　先般、およそ40年ぶりに見直された民法の相続編（民法及び家事事件手続法の一部を改正する法律）では、高齢化が進展する社会経済情勢の変化を鑑みて、相続が開始した場合における配偶者の居住の権利及び遺産分割前における預貯金債権の行使に関する規定が新設され、自筆証書遺言の方式の緩和、遺留分の減殺請求権の金銭債権化等が規定されました。

　その一方、相続税制については、平成27年1月以降に発生した相続等から、相続税の基礎控除が改正前の6割に引き下げられ、国税庁の公表資料によると、相続税の申告割合は、平成27年分は8.0％に、また、平成28年分は8.1％となり、基礎控除引下げ前の平成26年分の4.4％から大幅に増加しています。

　今後も、相続実務に関連しては、これまで以上に納税者からの相談や申告依頼が増加することが見込まれ、こうした要請に対して、税理士が適切に助言していくためにも、今般の民法の改正に関連した基礎資料や専門書等のツールが重要になるものと考えられます。

　本書には、税理士が納税者から相続にかかる税務相談に応じる際、必要となる知識が幅広くコンパクトに取りまとめられています。本書の発刊は時宜にかなったものであり、税理士が相続や相続に関連する事項について理解と確認をする上で有益なものになると確信しております。

　平成30年9月

日本税理士会連合会
会長　神津　信一

はしがき

　「民法及び家事事件手続法の一部を改正する法律」及び「法務局における遺言書の保管等に関する法律」が平成30年7月6日に参議院で可決成立し、7月13日に公布されました。

　この改正により、配偶者の居住権を確保するための方策の創設、遺産分割等に関する見直し、自筆証書遺言の方式緩和、遺言執行者の権限の明確化、法務局における自筆証書遺言の保管制度の創設、遺留分制度に関する見直し、相続の効力等に関する見直し、特別の寄与制度の創設が行われました。大きな括りとしては、民法相続編の改正です。これらの改正には、税理士業務に直接的に又は間接的に関係してくる事項が多く含まれています。

　そこで、本書は、税理士と税理士事務所のスタッフの方たちに読んでいただくことを前提に執筆いたしました。構成としては、第1編の総論において、民法相続編の見直しの必要性と経緯を解説した後に、改正の全体像を法務省が公表した図解を基に概説しています。次に、第2編のQ&Aでは、改正された内容や創設された条文について、質疑応答の形式で、ほぼ網羅的に詳述しています。

　改正の必要性や背景及び改正内容の部分については、原則として、法制審議会・民法（相続関係）部会での審議の内容を基礎としていますが、税理士である筆者の経験や意見も適宜に加味しております。また、読者の便宜を図るために、遺言の方式と種類、自筆証書遺言と公正証書遺言の特徴の比較、遺言の効力、遺言執行者の指定と選任など、今回の改正事項ではないものの、今回の改正を理解するために必要な事項などは、できる限り盛り込みました。

　本書が読者の皆様の実務にお役に立つことができれば幸いです。最後になりましたが、税務研究会の加島太郎氏と若井麻理子氏の企画と助言により本書を刊行することができました。心から感謝申し上げます。

平成30年9月

税理士　上西　左大信

目　次

第1編　総論

第1章　民法（相続編）の見直しの経緯
1. 民法（相続編）の見直しの必要性 …………………………………… 2
2. 改正までの検討経緯と審議経過 ……………………………………… 4
3. 改正の提起 ……………………………………………………………… 6
4. 改正された民法（相続関係）等の概要 ……………………………… 9

第2章　民法（相続編）改正の全体像
1. 配偶者の居住の権利 …………………………………………………… 10
2. 遺産分割等に関する見直し …………………………………………… 15
3. 遺言制度に関する見直し ……………………………………………… 21
4. 遺留分制度の見直し …………………………………………………… 24
5. 相続の効力等に関する見直し ………………………………………… 26
6. 特別の寄与 ……………………………………………………………… 28

第2編　Q&A

第1章　配偶者の居住の権利
1. 配偶者居住権の創設 …………………………………………………… 32
   - Q1　配偶者居住権 …………………………………………………… 32
   - Q2　配偶者居住権を取得する要件 ………………………………… 34
   - Q3　配偶者居住権の取得 …………………………………………… 37
   - Q4　配偶者居住権の存続期間 ……………………………………… 38
   - Q5　配偶者居住権の登記 …………………………………………… 39
   - Q6　配偶者居住権の対抗要件 ……………………………………… 40

Q7	配偶者居住権の評価	42
Q8	配偶者居住権に係る税務上の評価方法	46
Q9	配偶者による使用及び収益	46
Q10	配偶者居住権の譲渡	49
Q11	建物の修繕等とその他費用の負担	50
Q12	居住建物の返還等	54
Q13	税理士の助言業務	58

2　配偶者短期居住権の創設　62

Q1	配偶者短期居住権とは（改正民法1037条）	62
Q2	配偶者短期居住権の取得	65
Q3	配偶者短期居住権の効力（改正民法1038条）	66
Q4	配偶者居住権の取得による配偶者短期居住権の消滅（改正民法1039条）	67
Q5	配偶者短期居住権の消滅と居住建物の返還（改正民法1040条）	68
Q6	使用貸借等の規定の準用（改正民法1041条）	69

第2章　遺産分割等に関する見直し

1　配偶者保護のための方策（持戻し免除の意思表示の推定規定の創設）　72

Q1	持戻し制度とは①　概要	72
Q2	持戻し制度とは②　趣旨	73
Q3	持戻し制度とは③　特別受益財産の範囲	74
Q4	持戻しの計算方法	76
Q5	税法の持戻し制度	78
Q6	持戻し制度の改正	80
Q7	その他の民法903条に係る改正－3項	83
Q8	実務への影響	84

2　仮払い制度等の創設・要件明確化　87

| Q1 | 改正内容 | 87 |
| Q2 | 仮払い制度創設の経緯 | 90 |

Q3	可分債権と不可分債権	90
Q4	最高裁平成28年12月19日決定	95
Q5	実務への影響	98

3 遺産の一部分割 ... 100
Q1	見直しの必要性	100
Q2	改正の内容	101
Q3	実務への影響	103

4 遺産の分割前に遺産に属する財産が処分された場合の遺産の範囲の見直し ... 105
| Q1 | 見直しの必要性 | 105 |
| Q2 | 改正の内容 | 108 |

第3章 遺言制度に関する見直し

1 自筆証書遺言の方式緩和 ... 111
Q1	遺言制度の概要	111
Q2	遺言の方式	112
Q3	自筆証書遺言のあり方の見直し	114
Q4	自筆証書遺言の方式緩和	117
Q5	改正後の自筆証書遺言の事例	119

2 自筆証書遺言に係る遺言書の保管制度の創設 ... 125
Q1	自筆証書遺言の保管制度創設の経緯	125
Q2	自筆証書遺言の保管制度の創設とその内容	126
Q3	実務への影響	129

3 遺贈義務者の引渡義務等 ... 130
| Q1 | 改正の背景 | 130 |
| Q2 | 改正条文の内容 | 131 |

4 遺言執行者の権限の明確化等 ... 134
| Q1 | 遺言執行者とは | 134 |
| Q2 | 遺言執行者の権利義務 | 136 |

- Q3 遺言執行者の解任・辞任 …………………………………………… *138*
- Q4 遺言執行者の任務の開始（改正民法1007条）………………… *139*
- Q5 遺言の執行の妨害行為の禁止（改正民法1013条）…………… *139*
- Q6 特定財産に関する遺言の執行（改正民法1014条）…………… *141*
- Q7 遺言執行者の行為の効果（改正民法1015条）………………… *143*
- Q8 遺言執行者の復任権（改正民法1016条）……………………… *144*

第4章 遺留分制度の見直し

1 遺留分減殺請求権の効力及び法的性質の見直し …………… *147*
- Q1 遺留分制度の概要 ……………………………………………… *147*
- Q2 遺留分の帰属と割合 …………………………………………… *148*
- Q3 遺留分減殺請求権の効力及び法的性質の見直し …………… *149*
- Q4 改正前後の遺留分制度の民法上の位置づけ ………………… *150*
- Q5 金銭的請求権の規定の創設（改正民法1046条1項）………… *152*

2 遺留分を算定するための財産の見直し………………………… *154*
- Q1 遺留分を算定するための財産の価額の計算方法 …………… *154*
- Q2 生前贈与の範囲の見直し ……………………………………… *155*
- Q3 相続人に対する生前贈与の範囲に関する規律（改正民法1044条）……… *157*
- Q4 遺留分侵害額の請求（改正民法1046条2項）………………… *159*
- Q5 受遺者又は受贈者の負担額（改正民法1047条）……………… *160*

第5章 相続の効力等に関する見直し

1 権利の承継等 ……………………………………………………… *164*
- Q1 共同相続に関する見直し ……………………………………… *164*
- Q2 共同相続における権利の承継の対抗要件（改正民法899条の2）……… *166*
- Q3 債権以外の権利 ………………………………………………… *167*
- Q4 債権 ……………………………………………………………… *168*

2 義務の承継等 ……………………………………………………… *169*
- Q1 相続による債務の承継に関する見直し ……………………… *169*

Q2	事例による解説 …………………………………… *171*
3	遺言執行の妨害行為の効果 ……………………………… *173*
Q1	遺言執行の妨害行為の効果に関する見直し ………… *173*

第6章 特別の寄与

Q1	寄与分制度の概要 ………………………………… *175*
Q2	寄与の類型 ………………………………………… *177*
Q3	寄与分が認められた事例 ………………………… *177*
Q4	寄与分制度の見直し ……………………………… *181*
Q5	特別の寄与（改正民法1050条）………………… *182*
Q6	特別寄与者の権利行使 …………………………… *184*
Q7	実務への影響 ……………………………………… *185*

巻末資料

巻末資料1　新旧対照条文………………………………………… *188*
巻末資料2　成年の範囲の見直し ……………………………… *209*

―――――――――――― 凡例 ――――――――――――

改正民法
　……民法及び家事事件手続法の一部を改正する法律（平成30年法律第72号）
　　　による改正後の民法

改正家事事件手続法
　……民法及び家事事件手続法の一部を改正する法律（平成30年法律第72号）
　　　による改正後の家事事件手続法

改正債権法
　……民法の一部を改正する法律（平成29年法律第44号）による改正後の民法

第1編

総論

第1章 民法（相続編）の見直しの経緯

1 民法（相続編）の見直しの必要性

　民法における相続法制の見直しは、昭和55（1980）年に改正されて以来、およそ40年の間実質的に行われていませんでした。この間、家族のあり方や遺産の分割に関する国民の意識に変化が見られるとの意見が強くありました。

　特に、高齢化社会の進展により、片方の配偶者が死亡した場合に、他方の配偶者が高齢者である事例が増加することとなり、残された他方の配偶者の居住権を保護する必要性は高まっていました。

　また、遺言制度についても検討が必要とされていました。公正証書遺言の普及を図ろうとする一方で、自筆証書遺言の検認件数が増加している実態があり、その実態に制度面でも対応すべきとの要望がありました。

　同様に、遺言執行者の権限や任務を明確化し、遺言の執行が適切に行われるための法整備も必要とされていました。

　さらに、少子化社会の進展は、家庭における介護等のあり方も変容させています。介護の社会化が求められているものの、相続人以外の者が被相続人の療養看護を行う事例も多くあります。しかし、相続が開始した際には、相続人以外の者の寄与分は制度的には認められない状態となっています。

　これらの社会情勢の変化や新たな要望等を踏まえ、法制審議会民法（相続関係）部会は、「民法（相続関係）等の改正に関する中間試案」（平成28年6月21日）をとりまとめ、平成28年7月12日に公表され、パブリックコメントの対象となりました。

　そのパブリックコメントの後、同部会でさらに審議が続けられ、「中間試案後に追加された民法（相続関係）等の改正に関する試案（追加試案）」（平成29年7月18日）とそのパブリックコメントを経て、平成30年1月13日に要綱案が決定され、第196回国会（常会）にその法律案が提出されました。国会

審議を経て、「民法及び家事事件手続法の一部を改正する法律」及び「法務局における遺言書の保管等に関する法律」が平成30年7月6日に可決成立し、同年7月13日に公布されました。

2 改正までの検討経緯と審議経過

改正に至るまでの検討の経緯と審議経過の概要は、以下のとおりです。

(1) 相続法制検討の経緯

平成25年9月	嫡出でない子の相続分についての最高裁違憲決定
平成25年12月	上記決定をふまえた民法改正 →国会審議等において、民法改正が及ぼす社会的影響に対する懸念や配偶者の保護の観点からの相続法制の見直しの必要性等について問題提起
平成26年1月 〜平成27年1月	相続法制検討WTにおける検討（法務省）

（出典：法務省「相続法改正の概要について」）

(2) 審議経過

平成27年2月	法務大臣による諮問
平成27年4月	部会における調査審議開始
平成28年6月	中間試案（決定）
平成28年7月〜9月末日	パブリックコメント（中間試案）
平成29年7月	追加試案（決定）
平成29年8月〜9月22日	パブリックコメント（追加試案）
平成30年1月16日	部会（第26回会議）における要綱案決定
平成30年2月16日	総会における要綱決定・法務大臣への答申
平成30年7月6日	参議院本会議において法案の可決・成立 （7月13日公布）

（出典：法務省「相続法改正の概要について」）

(3) 民法改正の変遷

改正年	改正概要
昭和22年	日本国憲法の制定（昭和21年11月3日公布、昭和22年5月3日施行）に伴い民法を含む法制全般にわたる改正作業が行われました。この改正により、民法の「第5編 相続」については，家督相続制度の廃止，配偶者の相続権の確立などの改正がされました。
昭和37年	① 代襲相続制度の見直し ② 相続の限定承認・放棄の見直し ③ 特別縁故者への分与制度の創設
昭和55年 ―大改正―(注)	① 配偶者の法定相続分の引上げ ② 寄与分制度の創設 ③ 代襲相続制度の見直し（兄弟姉妹の代襲相続が被相続人から見て甥・姪までに制限） ④ 遺産分割の基準の見直し ⑤ 遺留分の見直し
平成11年	聴覚・言語機能障害者も公正証書遺言制度を利用できるようにとの社会的要請から、手話通訳等の通訳又は筆談により公正証書遺言をすることができることとなりました。
平成20年	遺留分に関する民法の特例である「除外合意」及び「固定合意」が「中小企業における経営の承継の円滑化に関する法律」により創設されました。
平成25年	平成25年9月4日に最高裁判所大法廷決定により、民法900条4号ただし書のうち、「嫡出でない子の相続分は、嫡出である子の相続分の2分の1とし」とする部分が違憲であると判断され、同部分が削除されました。
平成30年6月	「民法の一部を改正する法律」が平成30年6月13日に参議院本会議で可決成立しました。年齢18歳をもって成年とすることとなり、婚姻適齢は男女とも一律に18歳となりました（p.209参照）。
平成30年7月 （今回の改正）	「民法及び家事事件手続法の一部を改正する法律」及び「法務局における遺言書の保管等に関する法律」が、平成30年7月6日に参議院本会議で可決成立しました。

(注) いずれの項目も、今回の平成30年7月の改正まではこの時の改正の内容が継続されています。
　　今改正により、①②④⑤の見直しをしようとしたところ、①は行われず、②が「特別の寄与」として実現し、④と⑤も見直しが行われることとなりました。

3　改正の提起

　そもそも、今回の改正に至る検討経緯としては、まず、平成25年9月4日の最高裁大法廷による違憲決定を起因としています。

　法定相続分の規定において、非嫡出子が嫡出子の2分の1となっているのは、憲法に謳う、「法の下の平等」に反するのではないか、という提訴について、当該規定は違憲であるとの判断がされたものです。

　この大法廷の違憲決定と、同決定を踏まえた平成25年12月の民法改正を受けて、国会審議等において相続法制の見直しの必要性等についての問題提起がありました。

　そこで、参考までに、この最高裁決定の概要等について紹介します。

(1) 最高裁決定

　最高裁判所の大法廷は、平成25年9月4日に、「平成24年（ク）第984号、第985号遺産分割審判に対する抗告棄却決定に対する特別抗告事件」について、決定をしました。

① **事案の概要**

　平成13年7月25日に死亡したAの遺産につき、「Aの嫡出子（その代襲相続人を含む。）である申立人ら」が、「Aの嫡出でない子である相手方ら」に対して、遺産の分割の審判を東京家庭裁判所に申し立てた事件です。

　嫡出子の相続分と非嫡出子の相続分が同等であるか否かが争われた事件ですが、法律的にいえば、民法900条4号のただし書前段の規定（下記の民法の条文中、下線を付した箇所）が、日本国憲法14条1項の規定に違反するか否かが争われた事件です。

② **最高裁判所の判断**

　特別抗告審（最高裁判所、平成25年9月4日決定）では、民法900条4号ただし書の規定のうち嫡出でない子の相続分を嫡出子の相続分の2分の1とする部分は、遅くともAの相続が開始した平成13年7月当時において、憲法

14条1項に違反していたものであるとし、裁判官全員一致（15人中14人。法務省在職時の公務との関係で一人の裁判官が審理に加わっていません。）の意見で、原決定を破棄し、更に審理を尽くさせるため、原審に差し戻しました。

③ 民法の一部改正

最高裁判所の大法廷で違憲決定があると、行政府と立法府は、その違憲状態を速やかに是正し、国民生活の混乱を回避する必要があります。

直ちに、民法の改正の見直しが着手され、平成25年12月5日、民法の一部を改正する法律が成立し（公布及び施行は、同年12月11日）、嫡出でない子の相続分が嫡出子の相続分と同等になりました。具体的には、民法900条4号ただし書のうち、嫡出子でない子の相続分は、嫡出子である子の相続分の2分の1とする部分が削除されました。

日本国憲法

第14条 すべて国民は、法の下に平等であつて、人種、信条、性別、社会的身分又は門地により、政治的、経済的又は社会的関係において、差別されない。
2 〔略〕
3 〔略〕

上記最高裁決定前の民法

（法定相続分）
第900条 同順位の相続人が数人あるときは、その相続分は、次の各号の定めるところによる。
　一 子及び配偶者が相続人であるときは、子の相続分及び配偶者の相続分は、各2分の1とする。
　二 配偶者及び直系尊属が相続人であるときは、配偶者の相続分は、3分の2とし、直系尊属の相続分は、3分の1とする。
　三 配偶者及び兄弟姉妹が相続人であるときは、配偶者の相続分は、4分の3とし、兄弟姉妹の相続分は、4分の1とする。
　四 子、直系尊属又は兄弟姉妹が数人あるときは、各自の相続分は、相等しいものとする。ただし、嫡出子でない子の相続分は、嫡出子である子の相

続分の2分の1とし、父母の一方のみを同じくする兄弟姉妹の相続分は、父母の双方を同じくする兄弟姉妹の相続分の2分の1とする。

〔下線部分：平成25年12月改正により削除〕

(2) 最高裁決定の評価

　マスコミやインターネット等では、歓迎する意見が多数を占めたと観察されます。

　他方、自由民主党の法務部会や国会でも審議がされ、最高裁の違憲決定を否定的にとらえる発言もありました。例えば、衆議院法務委員会（平成25年11月15日）での質疑において、質問に立った議員からは、この最高裁大法廷の違憲決定が、法律婚の否定や家族の軽視につながり、法律婚によって保護されるべき家族の利益は物心ともに失われるのではないかとの懸念などが表明されました。

4 改正された民法（相続関係）等の概要

法律名	内　　容	施行日
民法及び家事事件手続法の一部を改正する法律	配偶者の居住の権利 　配偶者短期居住権の創設 　配偶者居住権の創設	〔例外〕 公布の日から起算して2年を超えない範囲内において政令で定める日
	遺産分割等に関する見直し 　持戻し免除の意思の推定規定 　仮払い制度 　遺産の一部分割 　分割前に処分された遺産の取扱い 遺言制度に関する見直し 　自筆証書遺言の方式緩和 　遺贈義務者の引渡義務等 　遺言執行者の権限の明確化 遺留分制度の見直し 　減殺請求権の効力等の見直し 　遺留分算定方法の見直し 　遺留分侵害額の算定時の債務の取扱い 相続の効力等に関する見直し 特別の寄与	〔原則〕 公布の日から起算して1年を超えない範囲内において政令で定める日(注) 〔例外〕 自筆証書遺言の方式の緩和は公布の日から起算して6月を経過した日
	提出　　　平成30年3月13日 可決成立　平成30年7月6日 公布日　　平成30年7月13日	
法務局における遺言書の保管等に関する法律	遺言制度 　自筆証書遺言書の保管制度の創設	公布の日から起算して2年を超えない範囲内において政令で定める日
	提出　　　平成30年3月13日 可決成立　平成30年7月6日 公布日　　平成30年7月13日	

（注）経過措置があります。

第2章 民法（相続編）改正の全体像

1 配偶者の居住の権利

(1) 配偶者居住権の創設（⇒ p.32 第2編第1章①参照）

〔改正のポイント〕

> 配偶者が相続開始時に居住していた被相続人所有の建物を対象として、**終身又は一定期間、配偶者に建物の使用を認めることを内容とする法定の権利**(配偶者居住権)を新設する。
>
> ① 遺産分割における選択肢の一つとして
> ② 被相続人の遺言等によって
> 配偶者に配偶者居住権を取得させることができるようにする。

（出典：法務省ホームページ）

　配偶者が居住建物の所有権を遺産分割で取得する場合に、その評価額が高いときは、遺産分割において、その居住建物以外の財産を取得することができずに、老後の生活資金を十分に確保することができないといった事態があります。配偶者居住権は、そのような事態に対処するための方策です。

　ここで言う配偶者居住権とは、所有権とは異なるもので、居住建物を使用収益することができる新たな権利で、その評価額を所有権よりも低くすることにより、配偶者が居住建物以外の財産をより多く取得することができるようにするという考えに基づいているものです。

　法制審議会の民法（相続関係）部会においてとりまとめられた、「民法（相続関係）等の改正に関する要綱案（以下「要綱案」）」では、配偶者が相続開始時に居住していた被相続人の所有の建物を対象として、終身又は一定期間、配偶者にその使用を認めることを内容とする法定の権利を新設し、遺産分割における選択肢の一つとして配偶者居住権を取得させることができることとするほか、被相続人が遺贈等によって配偶者居住権を取得させることもできるようにすると整理されています。

〔改正の効果〕
○改正前

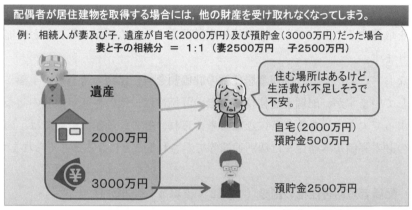

（出典：法務省ホームページ）

　この権利は、遺産分割における選択肢を増やし、高齢配偶者の生活保障を図るということを目的としたものです。例えば、相続人が妻と子供一人のみで、相続財産が、評価額が2,000万円である自宅不動産と預貯金3,000万円で、合計5,000万円である場合に、妻が2,000万円の自宅を取得すると、預貯金は500万円しか取得できないということになり、状況によっては、その後の生活費に困ることが考えられます。

○改正後

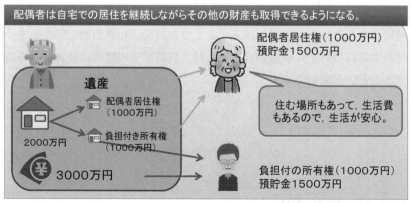

（出典：法務省ホームページ）

一方、ここで配偶者居住権の評価額が1,000万円であるとした場合、妻がこの1,000万円の配偶者居住権を取得し、子供がこの配偶者居住権の負担の付いた自宅の所有権を取得することとしたときは、妻は預貯金から1,500万円を取得することができ、その後の生活費をより多く確保することが可能になります。

なお、この例では、配偶者居住権の評価額を居住建物の所有権の半額に設定していますが、配偶者居住権の実際の評価額は、その存続年数等の諸条件によって大きく異なることになると考えられ、その評価額については、国税庁の財産評価基本通達又は個別通達等で示されることになると考えられます。

(2) 配偶者短期居住権の創設（⇒ p.62 第2編第1章2参照）

〔改正のポイント〕

> 配偶者は、相続開始時に被相続人の建物（居住建物）に無償で住んでいた場合には、以下の期間、居住建物を無償で使用する権利（**配偶者短期居住権**）を取得する。
>
> ① 配偶者が居住建物の遺産分割に関与するときは、<u>居住建物の帰属が確定する日までの間</u>（ただし、<u>最低6か月間は保障</u>）
> ② 居住建物が第三者に遺贈された場合や、配偶者が相続放棄をした場合には居住建物の所有者から<u>消滅請求を受けてから6か月</u>

(出典：法務省ホームページ)

配偶者短期居住権は、配偶者が相続開始時に被相続人所有の建物に無償で居住していた場合に、配偶者の短期的な居住の利益を保護するために、遺産分割によりその建物の帰属が確定するまでの間又は相続開始の時から6か月を経過する日のいずれか遅い日までの間、無償でその建物に住み続けることができるという権利です。

〔改正の効果〕
○改正前

> **最判平成8年12月17日の判例法理**
>
> 配偶者が，相続開始時に被相続人の建物に居住していた場合には，原則として，被相続人と相続人との間で使用貸借契約が成立していたと推認する。
>
> →
> 使用貸借契約の成立を推認
>
>
> **判例法理では，配偶者の保護に欠ける場合がある。**
>
>
> ・第三者に居住建物が遺贈されてしまった場合
> ・被相続人が反対の意思を表示した場合
> → 使用貸借が推認されず，居住が保護されない。

（出典：法務省ホームページ）

　この規定は、配偶者の居住権を短期的に保護する旨の判断を示した平成8年12月17日の最高裁判決（下記参照）における、使用貸借契約の成立を推認するという考え方を参考にしたものです。

> 判決要旨（最高裁平成8年12月17日判決）
> 　共同相続人の一人が相続開始前から被相続人の許諾を得て遺産である建物において被相続人と同居してきたときは、特段の事情のない限り、被相続人と右の相続人との間において、右建物について、相続開始時を始期とし、遺産分割時を終期とする使用貸借契約が成立していたものと推認される。

　この判例の考え方は、契約の成立を推認するという構成を採っているため、被相続人が反対の意思表示をしていた場合、あるいは居住建物を第三者に遺贈等していた場合などについては保護がなされないということになります。
　しかし、改正により、そのような場合についても、最低6か月間は配偶者短期居住権が認められるので、配偶者の居住の利益が保護されることになり

ます。
　○改正後

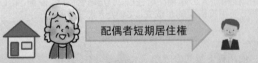

被相続人の建物に居住していた場合には被相続人の意思にかかわらず保護

配偶者短期居住権

被相続人が居住建物を遺贈した場合や，反対の意思を表示した場合であっても，配偶者の居住を保護することができる。

他に，常に最低6か月間は配偶者の居住が保護されるというメリットもある。

（出典：法務省ホームページ）

2 遺産分割等に関する見直し

(1) 婚姻期間が20年以上の夫婦間における居住用不動産の遺贈又は贈与

（⇒ p.72 第2編第2章①参照）

〔改正のポイント〕

> 婚姻期間が20年以上である配偶者の一方が他方に対し、その居住の用に供する建物又はその敷地（居住用不動産）を遺贈又は贈与した場合については、原則として、計算上遺産の先渡し（特別受益）を受けたものとして取り扱わなくてよいこととする。
>
> ➡ このような場合における遺贈や贈与は、配偶者の長年にわたる貢献に報いるとともに、老後の生活保障の趣旨で行われる場合が多い。
> ➡ 遺贈や贈与の趣旨を尊重した遺産の分割が可能となる
>   （法律婚の尊重、高齢の配偶者の生活保障に資する）。

（出典：法務省ホームページ）

　この規定は、婚姻期間が20年以上の夫婦間で居住用不動産の贈与等が行われた場合に、いわゆる持戻し免除の意思表示があったものと推定することにより、遺産分割において、配偶者がより多くの財産を取得することができるようにするためのものです。

〔改正の効果〕

〇改正前

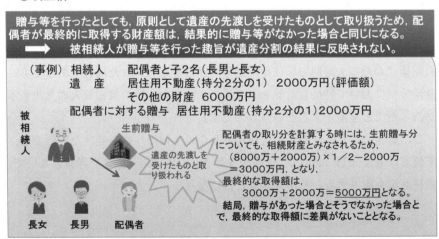

（出典：法務省ホームページ）

改正前の民法において、相続人に対して贈与等が行われた場合には、原則として、その贈与を受けた財産も遺産に持ち戻した上で相続分を計算し、その上で、贈与を受けた分を差し引いて遺産分割における取り分を定めることとしています。つまり、配偶者が居住用不動産の生前贈与等を受けた場合、その配偶者は遺産分割においては、その贈与等された居住用不動産を考慮した後の相続財産しか取得できないということになります。ただし、被相続人が遺言において贈与を受けた財産を持ち戻さなくてもよいという意思を表示していた場合は、その意思に従うこととされていますが、実務上、そのような意思表示はほとんど行われていません。

○改正後

(出典：法務省ホームページ)

今回、新たに設けられた持戻し免除の意思表示の推定規定は、婚姻期間が長期間にわたる夫婦間で居住用不動産の贈与等が行われた場合であっても、遺産分割において持戻し計算をしなくてよいという旨の被相続人の意思表示があったことを推定するというものです。

この規定により、配偶者が居住用不動産の生前贈与等を受けた場合でも、配偶者は遺産分割において、その贈与等された居住用不動産を考慮しないで、相続財産を取得することができることになります。

(2) 遺産の分割前における預貯金債権の行使 (⇒ p.87 第2編第2章[2]参照)

〔改正のポイント〕

> 相続された預貯金債権について、生活費や葬儀費用の支払、相続債務の弁済などの資金需要に対応できるよう、遺産分割前にも払戻しが受けられる制度を創設する。

(出典：法務省ホームページ)

　この規定は、遺産分割に係る協議が成立する前であっても、預貯金債権の一定金額について、相続人が仮払いを受けることができるというものです。

〔改正の効果〕

○改正前

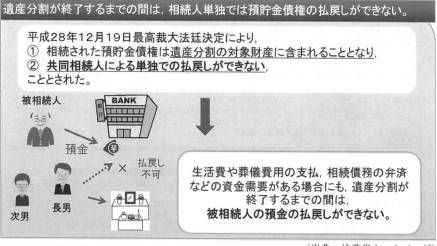

(出典：法務省ホームページ)

　平成28年12月19日の最高裁判所の決定（下記参照）により、判例が変更され、共同相続された預貯金債権は遺産分割の対象となり、遺産分割までの間は、相続人単独での払戻しは原則としてできないことになりました。

> 判決要旨（最高裁平成28年12月19日決定）
> 　共同相続された普通預金債権、通常貯金債権及び定期貯金債権は、いずれも、相続開始と同時に当然に相続分に応じて分割されることはなく、遺産分割の対象となる。

しかし、そうすると被相続人の生前にかかった未払いの医療費や、葬儀費用の支払いに支障をきたしたり、経済的に立場の弱い相続人が不本意な分割協議に合意せざるを得なくなったりするような事態も想定されます。

　そこで、相続人が、被相続人の預貯金債権から一定金額を仮払いすることができる制度が創設され、相続発生後の資金需要に簡易かつ迅速に対応できるようになります。また、他の共同相続人の利益を害することなく、必要最小限の払戻しに限定するという観点から、その要件の明確化を図って、預貯金債権の仮払い等を得られるようになります。

○改正後

遺産分割における公平性を図りつつ，相続人の資金需要に対応できるよう，2つの仮払い制度を設けることとする。
(1) 預貯金債権に限り，家庭裁判所の仮分割の仮処分の要件を緩和する。
(2) 預貯金債権の一定割合（金額による上限あり）については，家庭裁判所の判断を経なくても金融機関の窓口における支払を受けられるようにする。

(1) 保全処分の要件緩和
　仮払いの必要性があると認められる場合には，他の共同相続人の利益を害しない限り，家庭裁判所の判断で仮払いが認められるようにする（家事事件手続法の改正）

(2) 家庭裁判所の判断を経ずに払戻しが得られる制度の創設
　遺産に属する預貯金債権のうち，一定額については，単独での払戻しを認めるようにする。
　（相続開始時の預貯金債権の額（口座基準））×1/3×（当該払戻しを行う共同相続人の法定相続分）＝単独で払戻しをすることができる額
　　（例）預金600万円　→　長男　100万円払戻し可

（出典：法務省ホームページ）

　ただし、被相続人が同一の金融機関に複数の口座を有している場合には、その金融機関から払戻しを受けられる金額について、法務省令でその上限額が定められることになります。

(3) 遺産の一部分割（⇒ p.100 第2編第2章③参照）

〔改正のポイント〕

　相続人間の協議により行われている遺産の一部分割について、法文上の明

確化を図る観点から、当事者間の協議で遺産の全部又は一部の分割をすることができることが規定されました。また、当事者間の協議が調わないときは、各共同相続人は、遺産の全部又は一部の分割を家庭裁判所に請求することができるとされました。

ただし、遺産の一部のみを分割をすることにより、他の共同相続人の利益を害する場合には、一部分割はできないこととされます。

(4) 遺産の分割前に遺産に属する財産が処分された場合の遺産の範囲の見直し（⇒ p.105 第2編第2章[4]参照）

〔改正のポイント〕

> 相続開始後に共同相続人の一人が遺産に属する財産を処分した場合に、計算上生ずる不公平を是正する方策を設けるものとする。

（出典：法務省ホームページ）

この規定は、公平かつ公正な遺産分割を実現するための救済手段です。

〔改正の効果〕

○改正前

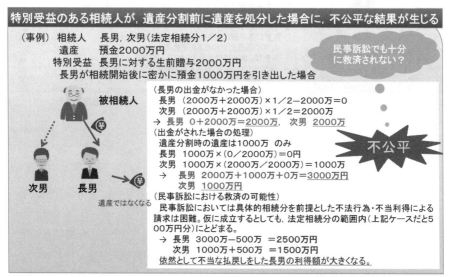

（出典：法務省ホームページ）

相続開始後、例えば、遺産分割前に共同相続人により財産が処分された場合、相続財産が処分されなかった場合に比べ、財産を処分した共同相続人の最終的な取得額が多くなり、不公平な遺産分割となることがあります。

この問題に対応するため、遺産分割前に遺産に属する財産が処分された場合でも、共同相続人全員の合意によって、処分された財産を遺産分割の対象財産とすることができるという規定が設けられました。その上で、その処分を行ったのが共同相続人の一人又は数人である場合には、当該共同相続人の同意を得る必要はないという規定が設けられました。これらにより、処分された相続財産を遺産分割の対象に含める旨の共同相続人間の合意が成立しやすくなり、可及的に相続人間の公平を図ることができることとなりました。

○改正後

（出典：法務省ホームページ）

3 遺言制度に関する見直し

(1) 自筆証書遺言の方式緩和（⇒ p.111 第2編第3章①参照）

〔改正のポイント〕

> **自筆証書遺言の方式緩和**
> 自筆証書に，パソコン等で作成した目録を添付したり，銀行通帳のコピーや不動産の登記事項証明書等を目録として添付したりして遺言を作成することができるようにする。

（出典：法務省ホームページ）

〔改正の効果〕

○改正前

（出典：法務省ホームページ）

　改正前は、財産目録を含めてすべて自書でなければいけないとされている自筆証書遺言について、改正により、その財産目録部分については、自書を要しないこととされます。被相続人が田畑など多数の不動産を所有している場合には、その全部事項証明書などを用いることで遺言の対象となる財産を特定することができ、高齢者でも遺言を残しやすくなるなどの効果が期待されます。

〇改正後

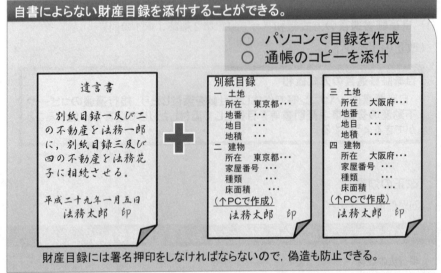

(出典：法務省ホームページ)

(2) 遺贈義務者の引渡義務等（⇒ p.130 第2編第3章3参照）

〔改正のポイント〕

遺贈義務者は、遺贈の目的である物又は権利を、相続開始時の状態で引き渡すとともに、移転する義務を負うことになります。また、債権法の改正を踏まえ、贈与の担保責任等に関する規定とほぼ同様の規定が設けられました。

(3) 遺言執行者の権限の明確化等（⇒ p.134 第2編第3章4参照）

〔改正のポイント〕

遺言執行者は遺言の執行を職務とする者でありながら、民法上、その権限が明確ではなく、当事者間で争いの原因になるという指摘もあります。そういった指摘を受け、遺言執行者の権限について明確化が図られました。

(4) 自筆証書遺言に係る遺言書の保管制度の創設 (⇒ p.125 第2編第3章2参照)

〔制度創設のポイント〕

　自筆証書遺言に係る遺言書は、自宅で保管されることが多く、遺言書の紛失や、相続人による遺言書の隠匿・改ざんなどのリスクがあるとの指摘があります。そこで、公的機関で遺言書を保管する制度が創設されました。

　この改正については、新たに制定された「法務局における遺言書の保管等に関する法律」に規定されています。

〔制度創設の効果〕

　法務局という公的機関で遺言書を保管する利点としては、全国一律のサービスを提供できること、プライバシーを確保できること、相続登記の促進につなげることが可能であること、などがあります。

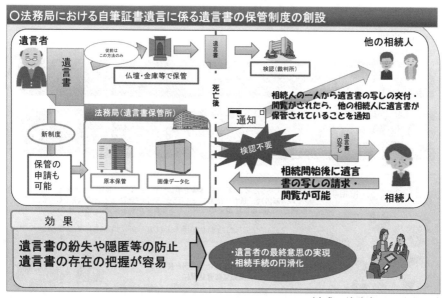

（出典：法務省ホームページ）

4 遺留分制度の見直し (⇒p.147 第2編第4章参照)

〔改正のポイント〕

① 遺留分減殺請求権から生ずる権利を**金銭債権化**する

② 金銭を直ちには準備できない受遺者又は受贈者の利益を図るため，受遺者等の請求により，裁判所が，金銭債務の全部又は一部の支払につき相当の期限を許与することができるようにする。

(出典：法務省ホームページ)

〔改正の効果〕

遺留分制度については、遺留分減殺請求権の行使によって、遺留分権利者と遺贈等を受けた者との間で複雑な共有状態が発生することにより、事業承継の障害となるといった指摘があります。

○改正前

① 遺留分減殺請求権の行使によって共有状態が生ずる。
　　← 事業承継の支障となっているという指摘

② 遺留分減殺請求権の行使によって生じる共有割合は，目的財産の評価額等を基準に決まるため，通常は，分母・分子とも極めて大きな数字となる。
　　← 持分権の処分に支障が出るおそれ

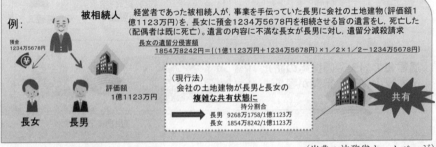

(出典：法務省ホームページ)

そこで、遺留分に関する権利行使により金銭請求権が発生すると規定し、遺留分侵害額に相当する金銭の支払いを請求することができるよう、遺留分減殺請求権の効力及び法的性質が見直されました。

○改正後

> ① 遺留分減殺請求権の行使により**共有関係が当然に生ずることを回避**することができる。
> ② 遺贈や贈与の目的財産を受遺者等に与えたいという**遺言者の意思を尊重**することができる。

(改正後)
遺留分減殺請求によって生ずる権利は**金銭債権**となる。
同じ事例では,長女は長男に対し,
1854万8242円 請求できる。

(出典:法務省ホームページ)

また、その請求を受けた者が金銭を直ちには準備できない点も考慮されており、受遺者等は、裁判所に対し、金銭債務の全部又は一部の支払いにつき、期限の許与を求めることができることとされています。さらに、遺留分の算定方法を見直すとともに、その規定を明確化するという観点から、現在は明文規定のない遺留分侵害額を求める計算方法が法文化されています。

そのほかにも、遺留分を算定するための財産の価額に算入する相続人に対する生前贈与の範囲に関する規定、遺産分割の対象財産がある場合について遺留分侵害額を算定するための規定、相続債務がある場合の受遺者又は受贈者の負担額についての規定などが設けられています。

5 相続の効力等に関する見直し

(1) 共同相続による権利の承継の対抗要件（⇒ p.164 第2編第5章①参照）

〔改正のポイント〕

> 相続させる旨の遺言等により承継された財産については、登記なくして第三者に対抗することができるとされていた現行法の規律を見直し、法定相続分を超える部分の承継については、登記等の対抗要件を備えなければ第三者に対抗することができないこととする。

（出典：法務省ホームページ）

〔改正の効果〕

特定の相続人に特定の財産を相続させる旨の遺言が作成された場合や、相続分の指定がされた場合、判例上、登記なくして第三者に対抗することができるとされており、取引の安全を害するという指摘がされています。

○改正前

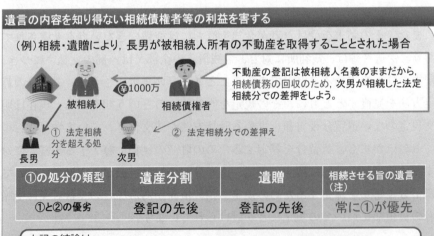

（出典：法務省ホームページ）

そこで、この規定を見直し、遺贈の場合と同様、法定相続分を超える権利の承継については、登記などの対抗要件を備えなければ、第三者に対抗する

ことができないこととされました。

○改正後

> **改正後の規律**
>
> 相続させる旨の遺言についても、**法定相続分を超える部分については**、登記等の対抗要件を具備しなければ、債務者・第三者に対抗することができない。

改正後の①と②の優劣

①の処分の類型	遺産分割	遺贈	相続させる旨の遺言
①と②の優劣	登記の先後	登記の先後	登記の先後

遺言の有無及び内容を知り得ない相続債権者・債務者等の利益や第三者の取引の安全を確保 ※登記制度や強制執行制度の信頼を確保することにもつながる

(出典:法務省ホームページ)

(2) 相続分の指定がある場合の債権者の権利の行使 (⇒ p.169 第2編第5章② 参照)

相続分の指定があった場合には、指定された相続分の割合で相続財産を承継することになりますが、相続債務については最高裁判決により、法定相続分で承継することを原則とし、例外的に、相続債権者が承認した場合に限り、指定相続の割合による履行が認められています。

今回の改正により、過去の司法判断が明文化されました。

(3) 遺言執行者がある場合における相続人の行為の効果等 (⇒ p.173 第2編第5章③参照)

この規定は、遺言執行者がある場合において、相続人がした相続財産の処分の効果等について明確化を図るものです。

具体的には、相続人がした遺言の執行を妨げる行為は無効であるとする現行の判例の考え方を明文化するとともに、遺言の有無及び内容を知り得ない第三者の取引の安全を図るという観点から、善意の第三者にはこれを対抗することができないこととされました。

6 特別の寄与（⇒ p.175 第2編第6章参照）

〔改正のポイント〕

> 相続人以外の親族が、被相続人の療養看護等を行った場合、一定の要件のもとで、相続人に対して金銭の支払を請求することができることとする。

（出典：法務省ホームページ）

〔改正の効果〕

被相続人を療養看護等する者がいた場合、その者が相続人であれば寄与分による調整が可能とされています。しかし、その者が相続人ではない場合には、相続財産の分配を受けることはできませんでした。

○現行の寄与分制度

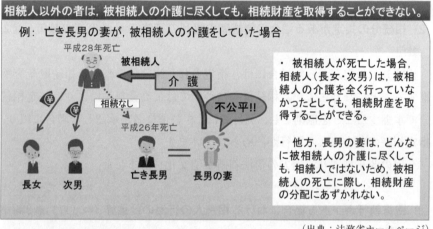

（出典：法務省ホームページ）

被相続人の療養看護等をしなかった相続人が、相続財産の分配を受けることができる一方、被相続人を療養看護等してきた者は、全く相続財産の分配を受けることができないのはあまりに不公平ではないかという問題が指摘されてきました。

例えば、相続人Aの配偶者Bが被相続人の療養看護等の貢献を行ってきた場合、相続人Aの相続分に配偶者Bの寄与分を上乗せして調整を図ること

は、実務上行われているところです。しかし、相続人Aがすでに死亡しており、その代襲相続人がいない場合には、そのような調整方法を講じることができないという問題がありました。

そこで、相続人以外の親族が被相続人に対する療養看護その他の労務の提供により被相続人の財産の維持又は増加について寄与をした場合には、相続人に対して金銭請求をすることができると規定されました。ただし、請求権者については、被相続人の親族に限定されます。

○特別の寄与創設後

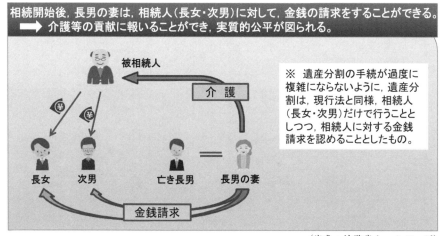

(出典：法務省ホームページ)

第 2 編

Q & A

第1章 配偶者の居住の権利

1 配偶者居住権の創設

> **改正の概要**（改正民法1028条－1036条関係）
>
> 配偶者の居住権を保護するための方策が必要とされ、配偶者に係る居住権（配偶者居住権及び配偶者短期居住権）が創設されました。
>
> 配偶者居住権とは、「配偶者がその居住していた建物（居住建物）の全部について無償で使用及び収益をする権利」のことをいいます。
>
> 施行日：公布の日（2018年7月13日）から起算して2年を超えない範囲内において政令で定める日

Q1 配偶者居住権

今回創設された配偶者居住権とは、どのような権利なのでしょうか。

A1

配偶者居住権とは、「配偶者がその居住していた建物（居住建物）の全部について無償で使用及び収益をする権利」のことをいい、原則としてその配偶者が亡くなるまでの間、その居住建物に係る賃料などを払うことなく利用し続けることを認めるものです。

解説

改正民法〔新設〕

（配偶者居住権）

第1028条　被相続人の配偶者（以下この章において単に「配偶者」という。）は、

被相続人の財産に属した建物に相続開始の時に居住していた場合において、次の各号のいずれかに該当するときは、その居住していた建物（以下この節において「居住建物」という。）の全部について無償で使用及び収益をする権利（以下この章において「配偶者居住権」という。）を取得する。ただし、被相続人が相続開始の時に居住建物を配偶者以外の者と共有していた場合にあっては、この限りでない。
一　遺産の分割によって配偶者居住権を取得するものとされたとき。
二　配偶者居住権が遺贈の目的とされたとき。
2　居住建物が配偶者の財産に属することとなった場合であっても、他の者がその共有持分を有するときは、配偶者居住権は、消滅しない。
3　第903条第4項の規定は、配偶者居住権の遺贈について準用する。

配偶者居住権の意義

　配偶者居住権⁽注⁾とは、「配偶者がその居住していた建物（居住建物）の全部について無償で使用及び収益をする権利」のことをいいます。権利を取得したその配偶者に、亡くなるまでの間、その居住建物に係る賃料などを払うことなく利用し続けることを認めるものです。
　ただし、配偶者居住権は譲渡できません。また、居住建物の改築や増築、あるいは第三者に居住建物の使用収益をさせるに際しては居住建物の所有者の承諾を得る必要があります（p.46 Q9参照）。
　(注) 用語の変更
　　　　中間試案の段階では、配偶者の居住権を「短期居住権」及び「長期居住権」に区分していましたが、改正された民法においては、「配偶者短期居住権」及び「配偶者居住権」となっています。単純に短期と長期で区分できるとは限らず、「短期居住権」よりも短いこととなる「長期居住権」も存在し得ることを踏まえて、文言を「配偶者短期居住権」と「配偶者居住権」としたのです。
　　　　実務上、「配偶者居住権」を「長期居住権」と称しても、支障はありません。

中間試案の段階の表記		改正民法上の文言
短期居住権		配偶者短期居住権
長期居住権		配偶者居住権

Q2 配偶者居住権を取得する要件

配偶者居住権を取得するに当たり、どのような要件が必要なのでしょうか。

A2

その配偶者が相続開始の時に居住していた場合において、遺産分割によって配偶者居住権を取得するとき又は配偶者居住権が遺贈の目的とされているときに配偶者居住権を取得することとされています。

解説

配偶者が配偶者居住権を取得するためには、次の2つの要件が必要とされています。

① 被相続人の配偶者が被相続人の財産に属した建物に相続開始の時に居住していたこと
② 被相続人の財産に属した建物に相続開始の時に居住していた場合において、次のいずれかに該当するときは、その居住していた建物の全部について無償で使用及び収益をする権利を取得できます。
 イ 遺産の分割によって配偶者居住権を取得するものとされたとき。
 ロ 配偶者居住権が遺贈の目的とされたとき(注)。
 (注) 法務省の要綱に「被相続人と配偶者との間に、配偶者に配偶者居住権を取得させる旨の死因贈与契約があるとき」が示されています。「死因贈与」について、民法は「贈与者の死亡によって効力を生ずる贈与については、その性質に反しない限り、遺贈に関する規定を準用する。」(民法554)としています。

ただし、被相続人が相続開始の時に居住建物を配偶者以外の者と共有していた場合にあっては、この限りではありません。

共同相続人(配偶者を含みます。)による分割協議による場合と、被相続人が遺言で配偶者に遺贈する場合のいずれであっても、相続開始時点での必須の要件は、「被相続人の財産に属した建物に相続開始の時に居住しているこ

と」のみとなります。

なお、条文上、「被相続人との同居」の要件はありません。被相続人が老人用の福祉施設で療養生活をしていた場合や、被相続人が何らかの事情で別の場所に居住していた場合等もあるからです。

ただし、被相続人が相続開始の時に、居住建物を「配偶者以外の者」（例えば、被相続人の子の一人）と共有していた場合には、この限りではありません。次のような場合分けになるものと考えられます。

居住建物の共有関係等	配偶者居住権の取得等	
被相続人の単独所有	取得可	本制度を適用する場面として最も想定される事例です。
被相続人と配偶者Aの共有(注1)		配偶者が共有者であるので、配偶者居住権を取得しなくても、配偶者の居住に係る権利は保護されます。しかし、配偶者の居住権の保護の観点からは、配偶者居住権を取得することが望ましいと考えられます(注2)。
被相続人、配偶者A、「配偶者以外の者B」の共有	取得不可(注3)	配偶者が共有者であるので、配偶者の居住に係る権利はとりあえず、保護されます(注4)。
被相続人と「配偶者以外の者B」の共有		配偶者が居住権を確保するためには、被相続人の持分（所有権）の一部又は全部を取得する必要があります。

(注1) 相続開始前から配偶者が居住建物について共有持分を有していた場合や、配偶者が相続により居住建物の共有持分を取得した場合にも配偶者居住権の成立が認められます。

(注2) 「共有物の使用」について、「各共有者は、共有物の全部について、その持分に応じた使用をすることができる。」（民法249）ので、共有者は各自が共有不動産を使用することができます。したがって、居住不動産の「全部」について使用することができます。

この点について、配偶者が居住建物の共有持分を有している場合には、自己の持分に基づいて居住建物を使用することができるから、配偶者居住権を成立させる必要はないとの考え方もあり得るでしょう。
　しかし、このような場合であっても、他の共有者から使用料相当額の不当利得返還請求又は共有物分割請求がされた場合には、配偶者が居住建物での居住を継続することができなくなるおそれがあるので、配偶者居住権の成立を認める必要性があります。配偶者居住権は、配偶者の従前の住居における生活を保護しようとするものですから、配偶者に従前どおり居住建物に無償で居住することを認めるために、配偶者が居住建物の共有持分を有する場合であっても、配偶者居住権を取得することができることとされました。
(注3)「被相続人が相続開始の時に居住建物を配偶者以外の者と共有していた場合」に限り、配偶者居住権の成立が除外されます。なぜならば、「配偶者以外の者B」が、被相続人の伯父、妹、全くの第三者である場合等を想定すると、これらの者の共有持分に配偶者居住権を成立させることは相当でないためです。
(注4)　この場合の保護は限定的です（注2参照）。

> **コラム**　配偶者居住権の発生後の規律
>
> 　被相続人の居住建物について、配偶者Aが配偶者居住権を取得し、子C及び子Dが「配偶者居住権に制約された所有権」を取得することとなったとします（子C及び子Dは、自己が所有権者となる不動産に配偶者Aが配偶者居住権を設定することについて分割協議において同意しています。）。その後、子Dの持分（所有権）が、その原因（売買・相続・贈与など）を問わず、配偶者Aの財産に属することとなった場合であっても、他の者（子C）がその共有持分を有するときは、配偶者居住権は、消滅しません。

Q3 配偶者居住権の取得

配偶者居住権を取得するのはどのような場合でしょうか。

A3

配偶者居住権は、当事者の意思（分割協議又は遺言）によるものですが、その他に、家庭裁判所の審判により、配偶者居住権を取得することもできます。

解説

Q2の要件に合致している場合、当事者の意思（分割協議又は遺言）によって取得することになります。

すなわち、分割協議又は遺言により配偶者居住権を取得することができますが、他の財産については未分割であってもかまいません。

一方、家庭裁判所の審判により、配偶者居住権を取得することもできます。まず、改正民法1029条を確認します。

改正民法〔新設〕

（審判による配偶者居住権の取得）
第1029条 遺産の分割の請求を受けた家庭裁判所は、次に掲げる場合に限り、配偶者が配偶者居住権を取得する旨を定めることができる。
一 共同相続人間に配偶者が配偶者居住権を取得することについて合意が成立しているとき。
二 配偶者が家庭裁判所に対して配偶者居住権の取得を希望する旨を申し出た場合において、居住建物の所有者の受ける不利益の程度を考慮してもなお配偶者の生活を維持するために特に必要があると認めるとき（前号に掲げる場合を除く。）。

1号は、「共同相続人間に配偶者が配偶者居住権を取得することについて合意が成立している」が、他の財産についての分割協議が調わない場合が想定

できます。例えば、「母には配偶者居住権により、その家に住み続けてもらいたいけれど、他の財産の分割については、当事者で話し合えない。」というような場面です。

2号は、まず、配偶者が単独で家庭裁判所に配偶者居住権を取得したい旨を申し出ることができることを示しています。

次に、家庭裁判所は、居住用建物が「配偶者居住権に制約された所有権」となることにより、居住用建物の所有者が不利益を受けたとしても、「配偶者の生活を維持するために特に必要」と認めた場合に限り、配偶者が配偶者居住権を取得する旨を定めることができるとしています。「特に必要」の程度は、今後の事例の積上げによることになるでしょう。

Q4 配偶者居住権の存続期間

配偶者居住権の存続期間は、どのように定められるのでしょうか。

A4

配偶者居住権の存続期間は、原則として、配偶者の終身の間、つまり配偶者が亡くなるまで存続します。

解説

> 改正民法〔新設〕
>
> （配偶者居住権の存続期間）
> 第1030条　配偶者居住権の存続期間は、配偶者の終身の間とする。ただし、遺産の分割の協議若しくは遺言に別段の定めがあるとき、又は家庭裁判所が遺産の分割の審判において別段の定めをしたときは、その定めるところによる。

配偶者居住権の存続期間は、原則として、配偶者の終身の間です。

仮に、配偶者居住権の存続期間を定めることを原則とすると、被相続人が単独行為である遺贈によって配偶者居住権を設定しようとする場合に、その存続期間が定められていないことを理由として、他の相続人から無効が主張される余地を残すことになり、配偶者の保護に欠ける事態が生ずる懸念があります。

また、存続期間を特に定めずに配偶者に配偶者居住権を取得させるとした遺言である場合、一般的には、配偶者が望む限りその建物の使用を認める趣旨を有しているものと思われます。したがって、配偶者居住権の存続期間は、原則として、終身の間とされたのです。

もっとも、他の相続財産の状況(注)、配偶者のための新たな居住建物の準備状況、老人ホームへの入居予定などにより、存続期間を限定（設定）することも可能です。

(注) 配偶者居住権は一定の方法で評価されます。配偶者居住権の評価額は所有権の評価額よりも低くなることとされますが、配偶者が、遺産分割協議により、終身の配偶者居住権を取得した場合には、その財産の価値に相当する金額を相続したものと扱われるので、その評価額によっては流動資産など他の財産をわずかしか取得できない事態もあり得ます。その場合には、存続期間を限定することも検討することになります。

Q5 配偶者居住権の登記

配偶者居住権の登記について教えてください。

A5

被相続人から居住建物の所有権を取得した者（例えば、被相続人の子）は、配偶者居住権を取得した配偶者に対して、配偶者居住権の設定を登記させる義務を負うこととされました。

解説

> **改正民法〔新設〕**
>
> （配偶者居住権の登記等）
> 第1031条　居住建物の所有者は、配偶者（配偶者居住権を取得した配偶者に限る。以下この節において同じ。）に対し、配偶者居住権の設定の登記を備えさせる義務を負う。
> 2　第605条の規定は配偶者居住権について、第605条の4の規定は配偶者居住権の設定の登記を備えた場合について準用する。

　被相続人から居住建物の所有権を取得した者（例えば、被相続人の子）は、配偶者居住権を取得した配偶者に対して、配偶者居住権の設定を登記させる義務を負うこととされました。

　改正債権法560条（権利移転の対抗要件に係る売主の義務）における「売主は、買主に対し、登記、登録その他の売買の目的である権利の移転についての対抗要件を備えさせる義務を負う。」と同様の規律です。

　配偶者居住権の登記手続については、配偶者の単独申請を認めることは不動産登記法の考え方に整合しないこと等の理由から、原則通り、居住建物の所有者が登記義務者となり、配偶者居住権を取得した配偶者が登記権利者となるので、共同で登記を申請することになります。ただし、登記義務者に対して配偶者居住権の登記義務を命ずる審判が確定した等の場合には、配偶者は単独で配偶者居住権の登記を申請することができると考えられます。

Q6　配偶者居住権の対抗要件

　当該建物について、第三者に対して配偶者居住権を主張できるのでしょうか。

A6

　配偶者が配偶者居住権を登記したときは、その居住用不動産について

物権を取得した者その他の第三者に対抗することができます。

[解説]

第三者対抗要件

改正債権法605条の規定（不動産賃貸借の対抗力）は配偶者居住権について、同法605条の4の規定（不動産の賃借人による妨害の停止の請求等）は、配偶者居住権の設定の登記を備えた場合について準用します。

該当する条文は次のとおりです。いずれも債権法改正で改正又は新設されたものです（施行日は、平成32（2020）年4月1日。）。

改正債権法

（不動産賃貸借の対抗力）
第605条　不動産の賃貸借は、これを登記したときは、その不動産について物権を取得した者<u>その他の第三者に対抗することができる</u>。

〔下線部分が改正により追加変更〕

（不動産の賃借人による妨害の停止の請求等）
第605条の4　不動産の賃借人は、第605条の2第1項に規定する対抗要件を備えた場合において、次の各号に掲げるときは、それぞれ当該各号に定める請求をすることができる。
一　その不動産の占有を第三者が妨害しているとき　その第三者に対する妨害の停止の請求
二　その不動産を第三者が占有しているとき　その第三者に対する返還の請求

〔新設〕

（不動産の賃貸人たる地位の移転）
第605条の2　前条、借地借家法〔中略〕第10条又は第31条その他の法令の規定による賃貸借の対抗要件を備えた場合において、その不動産が譲渡されたときは、その不動産の賃貸人たる地位は、その譲受人に移転する。
2～4〔略〕

〔新設〕

配偶者が配偶者居住権を登記したときは、その居住用不動産について物

権⁽注⁾を取得した者その他の第三者に対抗することができます。

　簡単に言えば、所有権が第三者に移転した場合においても、配偶者は、配偶者居住権が登記されていることにより、その居住家屋に居住し続けることができるのです。

　(注)　物権とは人が物を直接的に支配する権利であり、債権と同様に財産権の一つです。民法上の物権には、所有権、地上権、地役権、抵当権、占有権などがあり、この文脈においては、所有権として理解するとわかりやすいでしょう。

　同法605条の4の準用により、配偶者居住権を登記した場合には、配偶者が居住建物を占有することを第三者が妨害しているときは、妨害停止請求をすることができ、第三者が居住建物を占有しているときは、返還請求をすることができることになります。

　配偶者居住権の存続期間は、原則として、配偶者の終身の間とされ、居住建物が配偶者の財産に属することとなった場合であっても、他の者がその共有持分を有するときは、配偶者居住権は消滅しません。

　このように、配偶者居住権については、強度に財産性が認められています。

　ただし、登記されていなければ、例えば、所有権を有する相続人が第三者にその居住建物を譲渡してしまった場合、配偶者は、第三者に対抗することはできず、立退きを求められる可能性も生じます。

　したがって、配偶者居住権を取得する場合は、相続登記は実務上必須となります。

Q7　配偶者居住権の評価

　配偶者居住権の財産評価はどのような方法で行われるのでしょうか。

A7

　配偶者が配偶者居住権を取得した場合には、その財産的価値に相当す

る価額を相続したこととなります。その財産評価方法については、今後の検討課題ですが、現段階で次の(1)～(3)の方法が示されています。
(1) 中間試案
(2) 不動産鑑定士協会連合会の提案
(3) 配偶者居住権の簡易な評価方法

【解説】
(1) 中間試案
　中間試案の補足説明では、部会で検討された次の算定方法が紹介されています。

> 長期居住権(注)の評価額
> 　＝建物賃借権の評価額＋(建物の賃料相当額×存続期間－中間利息額)

（注）この段階では、「配偶者居住権」を「長期居住権」と称していました（(2)、(3)においても同様です。）。

(2) 不動産鑑定士協会連合会の提案
　公益社団法人日本不動産鑑定士協会連合会は、参考人として、第19回会議(平成29年3月28日)において「『長期居住権についての具体例』についての意見」を提出しました。
　それによると以下の計算式が妥当とする意見が付されています。

> 長期居住権価格
> 　＝(建物賃料相当額－配偶者負担の必要費)×年金現価率(注)

（注）長期居住権の存続期間及び割引率に対応する年金現価率

　理論的に精緻なものであり、配偶者居住権の理論的な評価方法として参考となります〔参考：http://www.moj.go.jp/content/001222145.pdf〕。

(3) 配偶者居住権の簡易な評価方法

　実務で利用されるためには、精緻な計算方法だけではなく、簡易な評価方法も必要です。その点、第19回部会資料「長期居住権の簡易な評価方法」は、「長期居住権の財産評価につき簡易な方法を用いることについて相続人全員の合意がある場合に利用されること」を前提として提案されたものであり、今後の検討の際の基本になるものと考えられます。その概要は次のとおり、建物の評価と敷地利用権の評価に区分されています。

〔建物の評価〕

建物の価額＝配偶者居住権付所有権の価額＋配偶者居住権の価額

○建物の価額＝固定資産税評価額
○配偶者居住権付所有権の価額[注1]

$$= 固定資産税評価額 \times \frac{法定耐用年数 - (経過年数 + 存続年数^{[注3]})}{法定耐用年数^{[注2]} - 経過年数}$$

　　×ライプニッツ係数[注4]

○配偶者居住権の価額＝固定資産税評価額－配偶者居住権付所有権の価額

(注1) 計算結果がマイナスとなる場合には、0円とします。
(注2) 法定耐用年数は「減価償却資産の耐用年数等に関する省令」に基づきます。
(注3) 配偶者居住権の存続期間が終身である場合には、簡易生命表記載の平均余命の値を使用します。
(注4) ライプニッツ係数は以下のとおりです（小数第4位以下四捨五入）。

存続年数	債権法改正案（3％）	現行法（5％）
5年	0.863	0.784
10年	0.744	0.614
15年	0.642	0.481
20年	0.554	0.377
25年	0.478	0.295
30年	0.412	0.231

〔敷地利用権の評価〕

居住建物が一戸建てである場合には、配偶者は、配偶者居住権の存続期間中は居住建物の敷地を排他的に使用することとなるため、敷地利用権について借地権等と同様の評価をします。すなわち、土地にも配偶者居住権が及ぶこととしているのです。

敷地利用権については、次の評価方法が示されています。

甲案（ライプニッツ係数を利用）
①　配偶者居住権付敷地の価額 　　　＝敷地の固定資産税評価額〔÷0.7〕×ライプニッツ係数 ②　配偶者居住権に基づく敷地利用権 　　　＝敷地の固定資産税評価額〔÷0.7〕－配偶者居住権付敷地の価額 　　　（＝敷地の固定資産税評価額〔÷0.7〕×(1－ライプニッツ係数)）
乙案（敷地利用権割合を新たに策定）
①　配偶者居住権付敷地の価額 　　　＝敷地の固定資産税評価額〔÷0.7〕×(1－敷地利用権割合[注]) ②　配偶者居住権に基づく敷地利用権の価額 　　　＝敷地の固定資産税評価額〔÷0.7〕×敷地利用権割合

（注）なお、敷地利用権割合は、配偶者居住権の存続期間に応じ、次のように示されています（仮案）。

存続期間	敷地利用権割合
5年以下	20%
5年超10年以下	30%
10年超15年以下	40%
15年超20年以下	50%
20年超25年以下	60%
25年超30年以下	70%
30年超35年以下	80%
35年超40年以下	90%
40年超	95%

Q8 配偶者居住権に係る税務上の評価方法

配偶者居住権に係る税務上の評価方法はどうなっているのでしょうか。

A8

配偶者居住権に係る税務上の評価方法は、国税庁が財産評価基本通達又は個別通達等で示すことになるでしょう。配偶者居住権の趣旨から判断すると、課税上の弊害も考慮しつつ、その評価額はできる限り低くすることが望ましいと考えられます。

解 説

配偶者居住権に係る税務上の評価方法について、私見ですが、例えば、建物については、「配偶者居住権の価額＝固定資産税評価額－配偶者居住権付所有権の価額」の算式を維持した上で、配偶者居住権の価額は、建物の評価額の一定割合（例えば、70％～80％）を上限とすること等も検討すべきでしょう。

さらに、配偶者居住権が消滅した場合の課税関係についても検討が必要です。

具体的には、配偶者の死亡により、配偶者居住権は消滅（p.54 Q12参照）します。そうすると、配偶者居住権により制約されていた居住建物及びその敷地（土地）は、それぞれ完全な所有権となり、それらの所有者は、「経済的利益」を受けたことになります。

今後、課税関係をどのように規律するのかも検討項目となると思われます。

Q9 配偶者による使用及び収益

配偶者居住権に係る使用収益は認められるのでしょうか。

A9

配偶者による使用収益のための制度創設であり、従前に居住の用に供

していなかった部分についても、居住の用に供することができます。

　ただし、居住建物の増改築や第三者の使用収益（賃貸等）については、居住建物の所有者の承諾が必要となります。

解説

> **改正民法〔新設〕**
>
> （配偶者による使用及び収益）
> 第1032条　配偶者は、従前の用法に従い、善良な管理者の注意をもって、居住建物の使用及び収益をしなければならない。ただし、従前居住の用に供していなかった部分について、これを居住の用に供することを妨げない。
> 2　配偶者居住権は、譲渡することができない。
> 3　配偶者は、居住建物の所有者の承諾を得なければ、居住建物の改築若しくは増築をし、又は第三者に居住建物の使用若しくは収益をさせることができない。
> 4　配偶者が第1項又は前項の規定に違反した場合において、居住建物の所有者が相当の期間を定めてその是正の催告をし、その期間内に是正がされないときは、居住建物の所有者は、当該配偶者に対する意思表示によって配偶者居住権を消滅させることができる。

(1)　配偶者による使用

　配偶者は、従前の用法に従い、善良な管理者の注意をもって、居住建物を使用しなければなりません。当然の規定です。

　ただし、従前に居住の用に供していなかった部分についても、居住建物の所有者の承諾を得ることなく、これを居住の用に供することが認められます。例えば、被相続人となった者が1階で物販店を行っており、2階が被相続人と配偶者の住居であったところ、被相続人の死亡により物販店を店仕舞いして、配偶者が配偶者居住権を取得した場合を想定するとよいでしょう。

(2) 配偶者による収益

上記の例で、配偶者が引き続き、1階で自らが事業者となって物販店を行い、2階を住居とする場合、1階が「収益」であり、2階が「使用」となります。

(3) 居住建物の改築・増築等

配偶者は、居住建物の所有者の承諾を得なければ、居住建物の改築若しくは増築をし、又は第三者に居住建物の使用若しくは収益をさせることができません。つまり、居住建物の所有者の承諾があれば、配偶者は、増改築や、第三者に居住建物を使用させたり賃貸することができます。

(4) 配偶者短期居住権との相違

配偶者短期居住権の場合と異なり（p.66 ②Q3参照）、配偶者居住権については、「配偶者による使用及び収益」及び「第三者による適法な使用又は収益」が許容されています。

その理由は、配偶者による投下資本（配偶者居住権は財産評価の対象となり、配偶者の具体的相続分の範囲内で取得されるものですので、「配偶者による投下資本」と考えられます。）の回収の問題を解決させるためです。

したがって、「配偶者による収益」又は「第三者による使用又は収益」がある場合には、その態様に応じて、配偶者に事業所得、不動産所得、雑所得などが発生することになります。

(5) 配偶者居住権の消滅事由

配偶者が上記(1)～(4)の内容に違反した場合において、居住建物の所有者が相当の期間を定めてその是正の催告をし、その期間内に是正がされないときは、居住建物の所有者は、当該配偶者に対する意思表示によって配偶者居住権を消滅させることができます。実質的には、予防規定として機能することになるものです。

Q10 配偶者居住権の譲渡

配偶者居住権の譲渡等は、認められるのでしょうか。

A10

第三者に対する配偶者居住権の譲渡は認められません。

解 説

(1) 非譲渡性

配偶者居住権は、譲渡することができません。

配偶者居住権は賃借権に類似した法定の債権であり、債権には原則として譲渡性があります。そこで、債権の一種である配偶者居住権について、譲渡が禁止されることを明らかにするため、明文の規定が設けられました。

(2) 譲渡不可の理由

〔配偶者居住権の制度趣旨からの考察〕

配偶者居住権は配偶者自身の居住環境の継続性を保護するためのものですから、第三者に対する配偶者居住権の譲渡を認めることは、制度趣旨との関係で必ずしも整合的であるとはいえず、法制的にも問題があるものと考えられます。

〔回収可能性の観点からの考察〕

配偶者居住権は配偶者の死亡によって消滅する債権であり、継続性の点で不安定であることから、実際に配偶者居住権を売却することができる場面は必ずしも多くないと考えられます。また、投下資本の回収の観点からは、居住建物の所有者の承諾を得た上で第三者に居住建物を賃貸することも選択肢として残されています。

(3) 税理士の視点

実務上の問題として、配偶者と建物所有者が、それぞれ配偶者居住権と「配

偶者居住権に制約された所有権」を同時に第三者に譲渡する場合が想定されます。しかし、配偶者居住権が譲渡できないものであれば、配偶者が配偶者居住権を消滅させた後に、建物所有者が完全な所有権を第三者に譲渡することになると考えられます。この場合の課税関係はどのようになるのでしょうか。「配偶者居住権に制約された所有権」が「完全な所有権」となり、その所有権者が売買代金の全額を収受する場合には、配偶者から建物所有者に経済的利益の移転があったと認識する必要があります。

この点、税務上は、配偶者居住権と「配偶者居住権に制約された所有権」を一体として第三者に譲渡し、その代金を配偶者と所有者が一定の方法で分配をすることにより解決が可能と思われます。あるいは、配偶者居住権は債権の一種であるので、放棄することが可能であり、消滅の対価を収受することが認められる余地もあります。

なお、この譲渡不可という点は、他の相続人又は所有者に対しての譲渡も例外ではありません。配偶者居住権を取得した配偶者が、その後、身体の都合等で老人ホーム等に入居する意思を固め、その資金のために配偶者居住権を売却するといったこともできないことになります。

いずれにしても、今後の検討課題と言えるでしょう。

Q11 建物の修繕等とその他費用の負担

居住建物の修繕については、所有者と配偶者のいずれに修繕義務を課しているのでしょうか。また、居住建物のその他の費用（固定資産税等）については、どちらが負担することになるのでしょうか。

A11

配偶者に「修繕の義務」ではなく、「第一次的な修繕権」を認めることとなりました。そして、配偶者が相当の期間内に必要な修繕をしないときは、居住建物の所有者は、その修繕をすることができるとして、「第二

次的な修繕権」を認めることとしました。

　また、居住建物に係る費用は「通常の必要費」と「通常の必要費以外の費用」に分けられ、「通常の必要費」は配偶者が負担することとなります。

解説

```
改正民法〔新設〕

（居住建物の修繕等）
第1033条　配偶者は、居住建物の使用及び収益に必要な修繕をすることができる。
2　居住建物の修繕が必要である場合において、配偶者が相当の期間内に必要な修繕をしないときは、居住建物の所有者は、その修繕をすることができる。
3　居住建物が修繕を要するとき（第1項の規定により配偶者が自らその修繕をするときを除く。）、又は居住建物について権利を主張する者があるときは、配偶者は、居住建物の所有者に対し、遅滞なくその旨を通知しなければならない。ただし、居住建物の所有者が既にこれを知っているときは、この限りでない。
（居住建物の費用の負担）
第1034条　配偶者は、居住建物の通常の必要費を負担する。
2　第583条第2項の規定は、前項の通常の必要費以外の費用について準用する。
```

(1)　居住建物の修繕

　改正民法において、「居住建物の使用及び収益に必要な修繕」について、配偶者に「修繕の義務」ではなく、「第一次的な修繕権」を認めることとなりました。理由として、次のようなものが考えられます。

・居住している配偶者にとっては即時の修繕が必要となることが通例であること
・第一次的な修繕方法を決めるのは配偶者が相当であること

・紛争のおそれがある事案では、配偶者を退去させる口実に使用される理由となり得ること

そして、居住建物の修繕が必要である場合において、配偶者が相当の期間内に必要な修繕をしないときは、居住建物の所有者は、その修繕をすることができるとして、所有者に「第二次的な修繕権」を認めることとしました。

なお、居住建物が修繕を要するとき（配偶者が自らその修繕をするときを除きます。）は、配偶者は、居住建物の所有者に対し、遅滞なくその旨を通知しなければならないとして、配偶者が自ら修繕をすることができない場合や、建物所有者の意向を聴くべきであるような場合などに限り、配偶者に所有者への通知義務を課すこととなりました。

(2) 「通常の必要費」の負担

配偶者は、固定資産税や通常の修繕費などの居住建物に係る「通常の必要費」を負担します。

「通常の必要費」とは、固定資産税や「通常の修繕費」があげられ、通常の修繕費としては、「トイレが詰まったので修理依頼した」、「畳を張り替えた」、「窓ガラスがひび割れたので、交換した」など、通常の生活で生じた軽微な修繕が該当すると考えられます。

「通常の必要費」に含まれる修繕費（改正民法1034）と、「使用収益に必要な修繕」（同法1033）との境界線が実務上の焦点となるでしょうが、修繕の内容のほか規模と金額の大小で区分することになるものと思われます。

(3) 「通常の必要費以外の費用」の支出

配偶者が居住建物について「通常の必要費以外の費用」を支出したときは、各共同相続人は、民法583条2項の規定に従い、その相続分に応じて、配偶者に対してその償還をしなければなりません。該当条文は次のとおりです。

1 配偶者居住権の創設 53

```
民法〔改正ナシ〕
```

（占有者による費用の償還請求）
第196条　占有者が占有物を返還する場合には、その物の保存のために支出した金額その他の必要費を回復者から償還させることができる。ただし、占有者が果実を取得したときは、通常の必要費は、占有者の負担に帰する。
2　占有者が占有物の改良のために支出した金額その他の有益費については、その価格の増加が現存する場合に限り、回復者の選択に従い、その支出した金額又は増価額を償還させることができる。ただし、悪意の占有者に対しては、裁判所は、回復者の請求により、その償還について相当の期限を許与することができる。
（買戻しの実行）
第583条　売主は、第580条に規定する期間内に代金及び契約の費用を提供しなければ、買戻しをすることができない。
2　買主又は転得者が不動産について費用を支出したときは、売主は、第196条の規定に従い、その償還をしなければならない。ただし、有益費については、裁判所は、売主の請求により、その償還について相当の期限を許与することができる。

　「通常の必要費以外の費用」とは、臨時の必要費（不慮の風水害による家屋の修繕費等）及び有益費（リフォーム工事費用等）です。

　なお、有益費については、他の相続人の請求により、裁判所が相当の期限を許与することができることになっています。

　一般的に、居住建物に係る費用は必要費と有益費に区分され、必要費は通常の必要費と臨時の必要費に区分され、概ね次のようになります。

〔居住建物に係る費用の区分〕

区 分		具 体 例
必要費	通常の必要費	固定資産税・通常の修繕費（トイレが詰まった、畳の張替え、窓が割れた等）
	臨時の必要費	不慮の風水害等による家屋の修繕費（倒木により一部損壊、地震による壁面割れ等）
有益費	通常の必要費以外の費用	リフォーム工事費用（風呂場の古いガス釜を交換しユニット形式にする、玄関のバリアフリーの工事を行った等）

(4) 税務との関係

　配偶者が死亡した場合において、これらの償還金が精算されていないときは、未精算の償還金は配偶者の未収入金となります。

　また、配偶者の死亡により、配偶者居住権が消滅すると同時に、配偶者の相続人は配偶者の債務を相続することになります。

　したがって、第三者に対して修繕費等の債務が確定している場合には、他の通常の債務と同様に、相続人がその債務を原則として法定相続割合で承継することになります。

Q12 居住建物の返還等

　配偶者が居住建物を返還しなければならない場合はどのようなときでしょうか。

A12

　配偶者居住権が消滅した場合には、配偶者は、その居住建物を所有者に明け渡さなければなりません。

解説

> **改正民法〔新設〕**
>
> （居住建物の返還等）
> 第1035条　配偶者は、配偶者居住権が消滅したときは、居住建物の返還をしなければならない。ただし、配偶者が居住建物について共有持分を有する場合は、居住建物の所有者は、配偶者居住権が消滅したことを理由としては、居住建物の返還を求めることができない。
> 2　第599条第1項及び第2項並びに第621条の規定は、前項本文の規定により配偶者が相続の開始後に附属させた物がある居住建物又は相続の開始後に生じた損傷がある居住建物の返還をする場合について準用する。
>
> （使用貸借及び賃貸借の規定の準用）
> 第1036条　第597条第1項及び第3項、第600条、第613条並びに第616条の2の規定は、配偶者居住権について準用する。

(1) 配偶者居住権の消滅

　配偶者居住権が消滅した場合には、配偶者は、その居住建物を所有者に明け渡さなければなりません。
　① 期間満了による配偶者居住権の終了
　　　配偶者居住権に存続期間が定められたときは、配偶者居住権は、その期間が満了することによって終了します。
　② 配偶者の死亡による終了
　　　配偶者居住権が終身の場合、配偶者居住権は、配偶者の死亡によって終了します。
　③ 用法遵守義務違反等による終了
　　　配偶者が居住建物の用法遵守義務や善管注意義務に違反した場合において、建物所有者が配偶者居住権の消滅を意思表示したときに、配偶者居住権は終了します。
　また、居住建物の全部が滅失その他の事由により使用及び収益をすること

ができなくなった場合には、配偶者居住権は、これによって終了します。

なお、配偶者が居住建物に共有持分を有する場合は、配偶者居住権が消滅した場合であっても、配偶者は居住建物を明け渡す必要はありません。自らの持分に基づいて、居住し続けることができます。

該当条文は次のとおりです。

> **改正債権法**
>
> （期間満了等による使用貸借の終了）
> 第597条　当事者が使用貸借の期間を定めたときは、使用貸借は、その期間が満了することによって終了する。　〔新設〕
> 2　〔略〕
> 3　使用貸借は、借主の死亡によって終了する。　〔新設〕
> （賃借物の全部滅失等による賃貸借の終了）
> 第616条の2　賃借物の全部が滅失その他の事由により使用及び収益をすることができなくなった場合には、賃貸借は、これによって終了する。　〔新設〕

(2) 原状回復義務等

配偶者には、原状回復義務があります。その準用規定は次のとおりです。

> **改正債権法**
>
> （借主による収去等）
> 第599条　借主は、借用物を受け取った後にこれに附属させた物がある場合において、使用貸借が終了したときは、その附属させた物を収去する義務を負う。ただし、借用物から分離することができない物又は分離するのに過分の費用を要する物については、この限りでない。　〔全文改正〕
> 2　借主は、借用物を受け取った後にこれに附属させた物を収去することができる。　〔全文改正〕
> 3　〔略〕

(賃借人の原状回復義務)
第621条　賃借人は、賃借物を受け取った後にこれに生じた損傷（通常の使用及び収益によって生じた賃借物の損耗並びに賃借物の経年変化を除く。以下この条において同じ。）がある場合において、賃貸借が終了したときは、その損傷を原状に復する義務を負う。ただし、その損傷が賃借人の責めに帰することができない事由によるものであるときは、この限りでない。　〔全文改正〕

　これらを読み替えると、次のようになります。
① 　附属物の収去義務
　配偶者は、配偶者居住権を取得した後に居住建物に附属させた物がある場合において、配偶者居住権が終了したときは、その附属させた物を収去する義務を負います。ただし、居住建物から分離することができない物又は分離するのに過分の費用を要する物については、この限りではありません。
　配偶者は、配偶者居住権を取得した後に居住建物に附属させた物を収去することができます。
② 　配偶者の原状回復義務
　配偶者は、配偶者居住権を取得した後に居住建物に生じた損傷（通常の使用及び収益によって生じた居住建物の損耗並びに居住建物の経年変化を除く。）がある場合において、配偶者居住権が消滅したときは、その損傷を原状に復する義務を負います。ただし、その損傷が配偶者の責めに帰することができない事由によるものであるときは、この限りではありません。
　なお、上記①、②のいずれの場合においても、配偶者が死亡している場合は、その相続人が義務を承継することになります。

(3)　その他

　改正債権法

(損害賠償及び費用の償還の請求権についての期間の制限)
第600条　契約の本旨に反する使用又は収益によって生じた損害の賠償及び借

主が支出した費用の償還は、貸主が返還を受けた時から一年以内に請求しなければならない。　　　　　　　　　　　　　　　　　　　〔改正ナシ〕
2　前項の損害賠償の請求権については、貸主が返還を受けた時から一年を経過するまでの間は、時効は、完成しない。　　　　　　　　　　〔新設〕
(転貸の効果)
第613条　賃借人が適法に賃借物を転貸したときは、転借人は、賃貸人と賃借人との間の賃貸借に基づく賃借人の債務の範囲を限度として、賃貸人に対して転貸借に基づく債務を直接履行する義務を負う。この場合においては、賃料の前払をもって賃貸人に対抗することができない。
〔下線部分が改正箇所〕
2　前項の規定は、賃貸人が賃借人に対してその権利を行使することを妨げない。　　　　　　　　　　　　　　　　　　　　　　　　　〔改正ナシ〕
3　賃借人が適法に賃借物を転貸した場合には、賃貸人は、賃借人との間の賃貸借を合意により解除したことをもって転借人に対抗することができない。ただし、その解除の当時、賃貸人が賃借人の債務不履行による解除権を有していたときは、この限りでない。　　　　　　　　　　　　〔新設〕

① 損害賠償及び費用の償還の請求権についての期間の制限

　契約の本旨に反する使用又は収益によって生じた損害の賠償及び借主が支出した費用の償還は、建物所有者が返還を受けた時から1年以内に請求しなければなりません。その損害賠償の請求権については、貸主が返還を受けた時から1年を経過するまでの間は、時効は、完成しません。

② 転貸の効果

　配偶者が適法に配偶者居住権を転貸したときは、「転貸の効果」に関する規定が準用されます。

Q13　税理士の助言業務

今改正により、税理士の業務においてどのような影響があるのでしょうか。

A13

　顧問先への助言業務として、配偶者居住権の評価、居住建物の評価の変動、二次相続の検討、といった点についても助言することが必要となってくると考えられます。

解説

(1) 配偶者居住権の評価

　継続的な顧問契約をしており、相続税の申告が必要になると見込まれる納税者については、適宜のタイミングで相続財産の棚卸しをしていることが多いでしょう。その場合には、今後は追加情報として、配偶者居住権の評価もしておくことが適切であると考えられます。

(2) 居住建物の評価の変動

　相続税法上の建物の評価額は、原則として、固定資産税評価額に1.0倍した金額です。

　配偶者が高齢であること等から、耐震・バリアフリー・省エネ等のリフォームを行う事例があります。これらは有益費の支出であり、上記のとおり償還することになります。有益費の支出があると、家屋の固定資産税評価額は、通常、増加することになります。しかし、家屋について増改築を行っても、固定資産税に係る課税実務の実態として、家屋の固定資産税評価額が改訂されないことが多く、その場合には、固定資産税評価額に増改築に係る家屋の状況が反映されていないことになります。

　そのような場合であっても、「増改築等に係る部分の再建築価額」から「課税時期までの間における償却費相当額」を控除した価額の100分の70に相当する金額（A）を「増改築等に係る部分以外の部分に対応する固定資産税評価額」（要するに、評価証明上の固定資産税評価額）（B）に加算すること等により、「居住建物の適切な固定資産税評価額」（A＋B）を算定することになります。

　したがって、配偶者居住権が存在する期間に行った有益費に係る価値の増

加部分については、居住建物の価値を増加させていることに留意が必要です。この考え方は、それ自体は評価することのない配偶者短期居住権についても同様です。

〔参考〕国税庁質疑応答事例より

> **増改築等に係る家屋の状況に応じた固定資産税評価額が付されていない家屋の評価**
> 【照会要旨】
> 　所有する家屋について増改築を行いましたが、家屋の固定資産税評価額が改訂されていないため、その固定資産税評価額が増改築に係る家屋の状況を反映していません。このような家屋は、どのように評価するのでしょうか。
> 【回答要旨】
> 　増改築等に係る家屋の状況に応じた固定資産税評価額が付されていない場合の家屋の価額は、増改築等に係る部分以外の部分に対応する固定資産税評価額に、当該増改築等に係る部分の価額として、当該増改築等に係る家屋と状況の類似した付近の家屋の固定資産税評価額を基として、その付近の家屋との構造、経過年数、用途等の差を考慮して評定した価額（ただし、状況の類似した付近の家屋がない場合には、その増改築等に係る部分の再建築価額から課税時期までの間における償却費相当額を控除した価額の100分の70に相当する金額）を加算した価額（課税時期から申告期限までの間に、その家屋の課税時期の状況に応じた固定資産税評価額が付された場合には、その固定資産税評価額）に基づき財産評価基本通達89（家屋の評価）又は93（貸家の評価）の定めにより評価します。
> 　なお、償却費相当額は、財産評価基本通達89-2（文化財建造物である家屋の評価）の(2)に定める評価方法に準じて、再建築価額から当該価額に0.1を乗じて計算した金額を控除した価額に、その家屋の耐用年数（減価償却資産の耐用年数等に関する省令に規定する耐用年数）のうちに占める経過年数（増改築等の時から課税時期までの期間に相当する年数（その期間に1年未満の端数があるときは、その端数は、1年とします。））の割合を乗じて計算します。
> 【関係法令通達】
> 財産評価基本通達　5、89、89-2(2)、93
> 減価償却資産の耐用年数等に関する省令

（出典：国税庁ホームページ）

(3) 二次相続の検討

　技術的な内容になりますが、配偶者居住権の評価方法等が確定すると、配偶者居住権の発生の有無、配偶者の税額軽減額の適用との関係、配偶者の二次相続の場合のシミュレーション等について検討することになります。

　また、例えば、再婚した夫婦にそれぞれに実子がいる場合には、居住用建物及びその敷地に関しては、この配偶者居住権を利用することにより、実質的に後継ぎ遺贈と同様の効果を得ることが可能となります。これらを多角的に助言するのが税理士の役割となるでしょう。

2 配偶者短期居住権の創設

改正の概要（改正民法1037条－1041条関係）
　配偶者の居住権を保護するための方策が必要とされ、配偶者に係る居住権（配偶者居住権及び配偶者短期居住権）が創設されました。
　最高裁平成8年12月17日判決（p.13参照）は、配偶者の居住権を短期的に保護する旨の判断を示したものですが、「特段の事情のない限りの推認」であり、当事者間の合理的な意思解釈に基づくことを前提としたものとされています。その限界を補うものが、配偶者短期居住権の規律であると考えられます。
　施行日：公布の日（2018年7月13日）から起算して2年を超えない範囲
　　　　　内において政令で定める日

Q1　配偶者短期居住権とは（改正民法1037条）

配偶者短期居住権とは、どのような権利なのでしょうか。

A1

　配偶者短期居住権とは、相続開始の時に遺産に属する居住建物に無償で居住していた場合、遺産分割協議や家庭裁判所の審判により当該建物の帰属が確定するまでの間、引き続きその建物を無償で使用することができる権利です。

解説

改正民法〔新設〕

（配偶者短期居住権）
第1037条　配偶者は、被相続人の財産に属した建物に相続開始の時に無償で居住していた場合には、次の各号に掲げる区分に応じてそれぞれ当該各号に定

める日までの間、その居住していた建物（以下この節において「居住建物」という。）の所有権を相続又は遺贈により取得した者（以下この節において「居住建物取得者」という。）に対し、居住建物について無償で使用する権利（居住建物の一部のみを無償で使用していた場合にあっては、その部分について無償で使用する権利。以下この節において「配偶者短期居住権」という。）を有する。ただし、配偶者が、相続開始の時において居住建物に係る配偶者居住権を取得したとき、又は第891条の規定に該当し若しくは廃除によってその相続権を失ったときは、この限りでない。
一 居住建物について配偶者を含む共同相続人間で遺産の分割をすべき場合 遺産の分割により居住建物の帰属が確定した日又は相続開始の時から6箇月を経過する日のいずれか遅い日
二 前号に掲げる場合以外の場合 第3項の申入れの日から6箇月を経過する日
2 前項本文の場合においては、居住建物取得者は、第三者に対する居住建物の譲渡その他の方法により配偶者の居住建物の使用を妨げてはならない。
3 居住建物取得者は、第1項第1号に掲げる場合を除くほか、いつでも配偶者短期居住権の消滅の申入れをすることができる。

(1) 配偶者短期居住権の意義

　配偶者短期居住権とは、居住建物について無償で使用する権利をいいます。居住建物の一部のみを無償で使用していた場合にあっては、その部分について無償で使用する権利となり、居住建物の全部には及ばないことになります。

(2) 配偶者短期居住権が認められない場合

　配偶者が、相続開始の時において居住建物に係る配偶者居住権を取得したとき、又は民法891条の規定（相続人の欠格事由）に該当し若しくは廃除によってその相続権を失ったとき（民法892、893）は、配偶者短期居住権を取得することはできません。

(3) 配偶者短期居住権の存続期間

区　分	配偶者が配偶者短期居住権を有する期間	
配偶者を含む共同相続人間で遺産の分割をすべき場合 (改正民法1037①一)	遺産の分割により居住建物の帰属が確定した日	いずれか遅い日までの間
	相続開始の時から6か月を経過する日	
上記以外の場合 (同法1037①二、③)	居住建物の所有権を相続又は遺贈により取得した者が「配偶者短期居住権の消滅」の申入れをした日から6か月を経過する日までの間	

　上記の表のとおり、「配偶者を含む共同相続人間で遺産の分割をすべき場合」以外の場合、配偶者が配偶者短期居住権を有するのは、居住建物の所有権を相続又は遺贈により取得した者が「配偶者短期居住権の消滅」の申入れをした日から6か月を経過する日までの間となります（例えば、遺贈により、居住建物を取得した者が申入れをする場合が考えられます。)。

　他方、相続税の申告期限は、被相続人が死亡したことを知った日の翌日から10か月目の応当日です。

　したがって、配偶者短期居住権が認められる期間が申告期限よりも先に終了する場合には、通常の分割協議に先行して、配偶者の住居をどのようにするのかについての話合い又は一部分割の協議が必要となります。

(4) 居住建物取得者による使用の妨害

　居住建物取得者は、第三者に対する居住建物の譲渡その他の方法により配偶者の居住建物の使用を妨げてはなりません。

(5) 配偶者短期居住権の消滅の申入れ

　居住建物取得者は、「配偶者を含む共同相続人間で遺産の分割をすべき場合」を除くほか、いつでも配偶者短期居住権の消滅の申入れをすることがで

きます。

(6) 財産性

配偶者短期居住権は、使用借権類似の法定の債権と考えられていますが、第三者対抗力（登記）は付与されません（配偶者居住権は登記されることにより、第三者対抗力が付与されます。）。平たく言えば、配偶者の当面の居住利益を保護するための便法です。

(7) 配偶者短期居住権の評価

配偶者短期居住権は、財産性がないことから、具体的相続分に含まれません。また、配偶者が配偶者短期居住権によって受けた利益（支出することを免れた賃借料相当額がその主な内容となります。）については、配偶者の具体的相続分からその価額を控除することを要しません。

したがって、配偶者短期居住権が消滅しても、建物の所有者には、税法的な文脈でいうところの「経済的利益」の移転はないので、課税関係は発生しません。

Q2 配偶者短期居住権の取得

配偶者短期居住権を取得するために、登記など、何か必要な手続等はありますか。

A2

登記は必要ありません。「相続開始の時に遺産に属する建物に無償で居住していたこと」のみを要件とします。

解 説

配偶者短期居住権は、配偶者の短期的な居住権を保護することを目的とするものです。「相続開始の時に遺産に属する建物に無償で居住していたこと」

のみを要件とします。

　登記が必要ない理由として、次のようなものが考えられます。
・登記等によって公示し、第三者に対抗することができるとするまでの必要性に乏しい
・配偶者短期居住権に第三者対抗力を付与する理論的根拠に乏しい
・仮にこれを認めた場合には、相続債権者等の第三者に不測の損害を与え、取引の安全が害されるおそれがある
・相続債権者としても不測の損害を避けるために、履行遅滞にある債務者が高齢である場合には、早期に差押え等をして債権を保全することになりかねず、かえって高齢の配偶者の保護に欠けることになるおそれがある
などがあげられています。

Q3 配偶者短期居住権の効力（改正民法1038条）

配偶者短期居住権の効力について教えてください。

A3

　配偶者短期居住権を有する配偶者は、従前の用法に従い、善良な管理者の注意をもって、居住建物を居住の用に供することができます。ただし、当面の居住利益を確保することが制度の趣旨であるため、「収益」は認められず、「使用」のみとなっています。また、譲渡も認められません。

解説

改正民法〔新設〕

（配偶者による使用）
第1038条　配偶者（配偶者短期居住権を有する配偶者に限る。以下この節において同じ。）は、従前の用法に従い、善良な管理者の注意をもって、居住建物の使用をしなければならない。

2　配偶者は、居住建物取得者の承諾を得なければ、第三者に居住建物の使用をさせることができない。
　3　配偶者が前2項の規定に違反したときは、居住建物取得者は、当該配偶者に対する意思表示によって配偶者短期居住権を消滅させることができる。

(1)　配偶者による使用

　配偶者居住権が「使用及び収益」となっているところ、配偶者短期居住権は、配偶者の当面の居住利益を確保することが制度の趣旨であるため、「使用」のみとなっています。

(2)　第三者の使用

　上記(1)の理由に加えて、配偶者は経済的負担をすることがないので投下資本を回収する必要がありません。したがって、第三者に居住建物を「収益」させることは認められません。

　ただし、居住建物取得者の承諾を得た場合に限り、第三者に居住建物を「使用」させることができます。

(3)　配偶者短期居住権の消滅

　配偶者が上記(1)又は(2)の規定に違反したときは、居住建物取得者は、当該配偶者に対する意思表示によって配偶者短期居住権を消滅させることができます。

Q4　配偶者居住権の取得による配偶者短期居住権の消滅 (改正民法1039条)

　配偶者短期居住権を有する配偶者が、配偶者居住権を取得した場合、配偶者短期居住権はどうなるのでしょうか。

A4

　配偶者が居住建物に係る配偶者居住権を取得したときは、配偶者短期

住権が配偶者居住権に「包含」されることになるので、配偶者短期居住権は消滅します。

解説

> 改正民法〔新設〕
>
> （配偶者居住権の取得による配偶者短期居住権の消滅）
> 第1039条　配偶者が居住建物に係る配偶者居住権を取得したときは、配偶者短期居住権は、消滅する。

　配偶者が居住建物に係る配偶者居住権を取得したときは、配偶者短期居住権が配偶者居住権に「包含」されることになるので、配偶者短期居住権は消滅します。

　この間、有益費等を支出した場合や大規模な修繕を行った場合、配偶者短期居住権も、配偶者居住権も同様の取扱いとなっていますので、両者を分けて考える必要はないと考えます。

Q5　配偶者短期居住権の消滅と居住建物の返還（改正民法1040条）

　配偶者短期居住権が消滅した場合は、居住建物を返還するとされているそうですが、どのようなときに消滅するのでしょうか。また、返還に当たり留意すべき事項はあるのでしょうか。

A5

　配偶者は、配偶者居住権を取得する場合を除き、配偶者短期居住権が消滅したときは、居住建物を返還しなければなりません。

解説

> **改正民法〔新設〕**
>
> （居住建物の返還等）
> 第1040条　配偶者は、前条に規定する場合を除き、配偶者短期居住権が消滅したときは、居住建物の返還をしなければならない。ただし、配偶者が居住建物について共有持分を有する場合は、居住建物取得者は、配偶者短期居住権が消滅したことを理由としては、居住建物の返還を求めることができない。
> 2　第599条第1項及び第2項並びに第621条の規定は、前項本文の規定により配偶者が相続の開始後に附属させた物がある居住建物又は相続の開始後に生じた損傷がある居住建物の返還をする場合について準用する。

　配偶者居住権と同様、配偶者短期居住権が消滅したとき（配偶者居住権の取得による消滅を除きます。）は、居住建物の返還をしなければなりません。

　ただし、配偶者が居住建物について共有持分を有する場合は、他の相続人は、配偶者短期居住権が消滅したことを理由として居住建物の返還を求めることができません。配偶者は自らの持分に基づいて、居住し続けることができます。

Q6　使用貸借等の規定の準用（改正民法1041条）

　配偶者短期居住権の譲渡は認められるのでしょうか。また、固定資産税や修繕費等は配偶者が支払うのでしょうか。

A6

　配偶者居住権と同様に、配偶者短期居住権の譲渡は認められません。また、配偶者は、固定資産税や通常の修繕費などの居住建物に係る「通常の必要費」を負担します。

解 説

> **改正民法〔新設〕**
>
> （使用貸借等の規定の準用）
> 第1041条 第597条第3項、第600条、第616条の2、第1032条〔配偶者による使用及び収益〕第2項、第1033条〔居住建物の修繕等〕及び第1034条〔居住建物の費用の負担〕の規定は、配偶者短期居住権について準用する。

(1) 配偶者短期居住権の譲渡

　配偶者短期居住権は配偶者の居住建物における居住を短期的に保護するために創設する権利であり、また、配偶者に経済的負担を課すことなく当然に成立するものですから、譲渡を認める必要に乏しいと考えられます。また、配偶者は経済的負担をすることがないので、投下資本を回収する必要がありません。そして、配偶者居住権については、その譲渡を禁止する明文の規定を設けることとしたため、これとの均衡上、配偶者短期居住権についても譲渡を禁止することが明文（準用規定）で明らかにされました。したがって、税務上、譲渡所得が発生することはありません。

(2) その他

　配偶者居住権の場合と同様です。「通常の必要費の債務性」、「償還金の財産性」及び「居住建物の評価の変動」については、配偶者居住権の場合と同様の考え方になります。配偶者は、固定資産税や通常の修繕費などの居住建物に係る「通常の必要費」を負担します。また、配偶者の死亡により配偶者短期居住権が消滅した場合には、配偶者の相続人が配偶者の義務を相続することになります。

　したがって、第三者に対して修繕費等の債務が確定している場合には、他の通常の債務と同様に、相続人がその債務を原則として法定相続割合で承継することになります。

以上をまとめると、次のとおりとなります。

	配偶者居住権	配偶者短期居住権
通常の必要費	改正民法1034条により配偶者が負担	同法1041条が同法1034条を準用
通常の必要費以外の費用	同法1034条2項が民法583条2項を準用し、各共同相続人は、民法196条の規定に従い、その相続分に応じて、その償還をしなければならない。ただし、有益費については、裁判所は、他の相続人の請求により、その償還について相当の期限を許与することができる。	
譲渡	同法1032条2項により「譲渡できない」	同法1041条が同法1032条2項を準用

第2章 遺産分割等に関する見直し

1 配偶者保護のための方策（持戻し免除の意思表示の推定規定の創設）

> **改正の概要（改正民法903条4項関係）**
>
> 　婚姻期間が20年以上の夫婦の一方が、他方に対し、その居住用建物又はその敷地（居住用不動産）を遺贈又は贈与した場合については、民法903条3項の持戻し免除の意思表示があったものと推定し、遺産分割においては、原則として、その居住用不動産の持戻し計算が不要とされるようになりました。すなわち、その居住用不動産の価額を特別受益として取り扱わずに計算することができるようになりました。
> 施行日：公布の日（2018年7月13日）から起算して1年を超えない範囲
> 　　　　内において政令で定める日

　税の実務家にとっては、馴染みの薄い分野といえるでしょう。整理のために、持戻し制度とは何か、また、どのような計算方法を行うのか、改正の中心となる民法903条4項に至るまでに、基本的な事項を確認しておきましょう。

Q1　持戻し制度とは①　概要

　持戻し制度とはどのようなものでしょうか。その概要を教えてください。

A1

　「持戻し」とは、共同相続人の中に被相続人から特別受益を受けた者がいる場合に、その特別受益の額を加えて相続財産とみなすことをいいます。具体的な相続分は、この持ち戻した後の金額を基礎に計算すること

になります。

解説

共同相続人の中の一人又は数人が、被相続人から遺贈又は生前贈与を受けている場合、その利益を「特別受益」といい、その利益を受けている者を「特別受益者」といいます。

「持戻し」とは、共同相続人の中に被相続人から特別受益を受けた者がいる場合に、その特別受益の額を加えて相続財産とみなすことをいいます。具体的な相続分は、この持ち戻した後の金額を基礎に計算することになります。

例えば、生前に3,000万円を子供に贈与し、死亡時に財産が5,000万円あった場合、贈与した3,000万円を加えた、8,000万円が相続財産とみなされます。

Q2 持戻し制度とは② 趣旨

なぜ持戻しを行うのでしょうか。

A2

贈与の対象となった財産は相続分の前渡しと考えられます。これは、相続人間の衡平を図るためです。

解説

贈与の対象となった財産は相続分の「前渡し」であり、遺贈の対象となった財産は相続分の「別枠」であると考えることによって、相続人間の衡平を図ることとしています。

そのために、共同相続人中に、被相続人から遺贈を受け、又は婚姻若しくは養子縁組のため若しくは生計の資本として贈与を受けた者があるときは、その利益を「特別受益」とし、「被相続人が相続開始の時において有した財産の価額」に「特別受益の額」の価額を加えたものを「みなし相続財産」として相続分を計算することとしているのです。

これらの遺贈や生前贈与の対象となった特別受益については、相続開始の時点にその状態のままであると想定し、「持戻し」の計算をすることとなります(注)。なお、これは、民法の固有の考え方であり、税法の視点とは異なるものです（p.78 Q5参照）。

(注)「特別受益に係る贈与の価額は、受贈者の行為によって、その目的である財産が滅失し、又はその価格の増減があったときであっても、相続開始の時においてなお原状のままであるものとみなしてこれを定める」（民法904）。

Q3 持戻し制度とは③ 特別受益財産の範囲

持戻しの対象とされるのは、すべての贈与でしょうか。対象外となるものもあるのでしょうか。

A3

原則、遺贈と生前贈与（婚姻又は養子縁組のための贈与と生計の資本としての贈与）が対象とされます。明確な区分はありませんが、それ以外のもの（扶養義務としての援助等）は対象外とされます。

解説

特別受益財産の範囲

特別受益は、遺贈（すべて）と生前贈与（すべてではありませんが、相当に広範囲のものが対象とされています。）が対象となります。

遺贈は、目的にかかわりなく、包括遺贈も特別遺贈もすべて特別受益に当たると解されています。もっとも、遺贈された財産は、相続開始の時点においては、まだ遺産の中に含まれているので、生前贈与のように過去の分を加算することはありません。

また、「相続させる」遺言があった場合も、衡平の観点から、遺贈と同様に特別受益に当たると解するのが相当と考えられます（要するに「持戻し」をします。）。司法判断には、「本件のような『相続させる』趣旨の遺言による特定

の遺産承継についても、民法903条1項の類推適用により、特別受益の持戻しと同様の処理をすべきであると解される。」（広島高裁岡山支部平成17年4月11日判決）とするものがあります。

なお、「相続させる遺言」が広く利用されている理由としては、不動産移転登記申請に係る登録免許税の税負担（原則、遺贈の場合は評価額の2％に対して、相続の場合は0.4％）及び申請手続（相続人が単独で申請できる。）を考慮したものとされています。

ところで、生前贈与については、その状況が多種多様であることから、持戻しをするか否かについて、その認定は容易ではありません。

ここで、「生計の資本としての贈与」とは、一般的に、生計の基礎として有用な財産上の給付をいいます。「相続分の前渡し」と認められる程度に高額な贈与であるかどうかが判断基準となりますが、明確な基準はありません。概ね、次のような区分になると考えられます。

「生計の資本としての贈与」として特別受益が認定されると思われる事例	「生計の資本としての贈与」に該当しない可能性の高い事例
・居住用の不動産の贈与 ・居住用不動産の取得のための金銭の贈与 ・相続人の債務を被相続人が負担した場合(注1) ・事業用資金の贈与　　　　　　　等	・扶養義務としての援助（通常の範囲）(注2) ・入学祝い、就職祝い、結婚祝い、新築祝いなど、親としての通常の援助の範囲内でなされた贈与（過大でないもの） ・遊興費として使うための金銭の贈与（あくまでも通常の範囲）　等

(注1) 被相続人が求償権を放棄した場合（当事者間で債権債務として残っている場合は除きます。）。

(注2) 東京家裁平成21年1月30日審判では、被相続人の口座から相続人に1か月に2万〜25万円の送金がなされていた場合において、1か月10万円を超える部分については「生計の資本としての贈与」に該当し、1か月10万円に満たない部分については「親族間の扶養的金銭援助」にとどまり、「生計の資本

としての贈与」には該当しないとされました。

Q4 持戻しの計算方法

持戻しを行った場合、どのような計算方法となるのでしょうか。

A4

生前に贈与等を行った財産を、相続財産に取り込み、再計算する仕組みです。

解説

(1) みなし相続財産

民法903条1項において、「共同相続人中に、被相続人から、遺贈を受け、又は婚姻若しくは養子縁組のため若しくは生計の資本として贈与を受けた者があるときは、被相続人が相続開始の時において有した財産の価額にその贈与の価額を加えたものを相続財産とみなし…」とあります。

この「みなし相続財産」について、事例で確認します。

事例

相続人：配偶者A、子B、子C
相続財産：現金1億2,000万円
生前贈与：
　子Cは、持戻しの対象となる被相続人からの生前贈与2,000万円がある。

条文中の「贈与」とは、いわゆる「生前贈与」のことです。なお、事例を簡素化するために、遺贈はないものとします。

みなし相続財産の金額と内訳は、次のようになります。

みなし相続財産	相続財産	相続分	1億2,000万円	1億4,000万円
		遺贈分	なし	
	生前贈与		2,000万円	

(2) **相続分**

次に、同条1項後段に、「第900条から第902条までの規定により算定した相続分の中からその遺贈又は贈与の価額を『控除』した残額をもってその者の『相続分』とする。」(一部加筆) とあります。

〔相続開始時の財産のみに着目した遺産分割〕

相続人	遺産分割の対象とする財産1億2,000万円		
	配偶者A	子B	子C
相続分	6,000万円	3,000万円	3,000万円

持戻しの対象となる生前贈与の範囲を確定することが容易でないことから、税理士が通常行う相続税に係る業務においては、上記のような分割がされることが多いと思われますが、民法の条文を考慮したものではありません。

上記の事例での贈与は、「持戻しの対象となる被相続人からの生前贈与」であることから、この2,000万円を加算して「みなし相続財産」を観念し、その上で、特別受益の額 (遺贈又は贈与の額。この事例では贈与のみ。) を控除すると、「相続分」は、配偶者Aが7,000万円、子Bが3,500万円、子Cが1,500万円となります。

〔特別受益を考慮した遺産分割〕

相続人	遺産分割の対象とする「みなし相続財産」1億4,000万円		
	配偶者Ａ	子Ｂ	子Ｃ
みなし相続財産を基礎とした相続分	7,000万円	3,500万円	3,500万円
上記から控除する遺贈又は贈与の価額			控除すべき生前贈与　2,000万円
相続分	7,000万円	3,500万円	1,500万円

　子Ｃは生前贈与で2,000万円を被相続人からもらっているので、上記の「相続分」にその生前贈与を加算すると、次のように、同じ立場である子Ｂと結果として衡平が保たれていることになります。

相続人	配偶者Ａ	子Ｂ	子Ｃ
相続分	7,000万円	3,500万円	1,500万円
生前贈与			2,000万円
特別受益＋相続分	7,000万円	3,500万円	3,500万円

Q5　税法の持戻し制度

　税法上にも持戻し制度があるのでしょうか。

A5

　相続税法上にも「3年以内贈与加算」の制度がありますが、全く別物です。

解説

相続税法上の「いわゆる持戻し」について

　民法上の「持戻し」とは別に、相続税法は税額計算過程において「いわゆ

る持戻し」の規定が設けられていますが、全くの別物です。

3年以内贈与加算	対象	被相続人から生前に贈与された財産のうち相続開始前3年以内に贈与されたもの（下記を除く。）が対象となり（課税・非課税を問わない。）で、<u>贈与を受けた財産の贈与時の価額を加算</u>する。
	対象外	・贈与税の配偶者控除の特例を受けている又は受けようとする財産のうち、その配偶者控除額に相当する金額 ・直系尊属から贈与を受けた住宅取得等資金のうち、非課税の適用を受けた金額 ・直系尊属から一括贈与を受けた教育資金のうち、非課税の適用を受けた金額 ・直系尊属から一括贈与を受けた結婚・子育て資金のうち、非課税の適用を受けた金額
相続時精算課税		特別控除額（2,500万円が限度額）の範囲であるか否かを問わず、<u>贈与を受けた財産の贈与時の価額を加算</u>する。
事業承継税制		①贈与（納税猶予） ②相続（贈与税の猶予税額の免除） ・贈与税の納税猶予及び免除の特例を受けた非上場株式等は、相続又は遺贈により取得したものとみなし、<u>贈与の時の価額により他の相続財産と合算して相続税を計算</u>する。 ・一定の要件を満たすことにより、そのみなされた非上場株式等（一定の部分に限る。）について、相続税の納税猶予及び免除の特例の適用を受けることが可能となる。

　相続税法上の「いわゆる持戻し」は、贈与時の価額ですが、民法上の持戻しについては、相続時の価額です。また、相続税法上の「いわゆる持戻し」規定の有無を問わず、民法上の持戻し規定は、原則として適用されます。

なお、その他、税法上の多額の贈与の例として、次のものがあります。

・直系尊属から住宅取得等資金の贈与を受けた場合の非課税
・直系尊属から教育資金の一括贈与を受けた場合の贈与税の非課税
・直系尊属から結婚・子育て資金の一括贈与を受けた場合の非課税

推定相続人への多額の贈与（住宅取得等資金など）については、持戻し免除の意思の要否を検討しておく必要があります（ただし、例えば、祖父母から孫に贈与した場合において、孫が相続人とならないときは、特別受益の問題は生じません。）。なお、通常の教育用の資金については、特別受益の要件である「生計の資本」としての贈与に該当しないので、原則として、特別受益に該当しないと考えられます（多数意見）(注)。

これに対して、住宅取得等資金の贈与は、原則として、「生計の資本」に該当します。

(注) 医学部教育を受けた者とそれ以外の者が争った事例はあります（京都地裁平成10年9月11日判決。この事例では特別受益に該当しないと判断されました。）。なお、「直系尊属から教育資金の一括贈与を受けた場合の贈与税の非課税」に係る司法判断は未見です。

Q6 持戻し制度の改正

今回、持戻し制度はどのような改正となったのでしょうか。

A6

持戻し免除の意思表示の推定規定が創設され、婚姻期間が20年以上の夫婦の一方である被相続人が、他の一方に対し、その居住の用に供する建物又はその敷地について遺贈又は贈与をしたときは、当該被相続人は、その遺贈又は贈与について民法903条1項の規定を適用しない旨の意思を表示したものと推定することとされました。

解説

今回の改正により新設された項目です。

> **改正民法〔新設〕**
>
> 第 903 条
> 4 　婚姻期間が 20 年以上の夫婦の一方である被相続人が、他の一方に対し、その居住の用に供する建物又はその敷地について遺贈又は贈与をしたときは、当該被相続人は、その遺贈又は贈与について第 1 項の規定を適用しない旨の意思を表示したものと推定する。

(1)　税法上の居住用不動産の贈与

　相続税法において、「贈与税の配偶者控除」が規定されています（相法 21 の 6）。これは、婚姻期間が 20 年以上の夫婦の間で、居住用不動産又は居住用不動産を取得するための金銭の贈与が行われた場合、基礎控除 110 万円のほかに最高 2,000 万円まで控除（配偶者控除）できるという特例です。これは、夫婦の財産は、夫婦の協力によって形成されたものであるという考え方から夫婦間においては一般に贈与という認識が薄いこと、配偶者の老後の生活保障を意図して贈与される場合が多いことなどを考慮して設けられたものであると説明されています。

　この制度は、高齢化社会の進展等の社会情勢に鑑みると、配偶者の死亡により残された他方配偶者の生活について配慮するものです。

　今回の改正により、民法上においても、配偶者に対して行われた一定の贈与については、配偶者の生活保障をより厚くするものという考えから、贈与税の特例と同様の観点で配慮することとされました。

(2) 居住用不動産の贈与があった場合の民法上の遺産分割

>【事例】
>
>相続人：配偶者A、子B、子C
>
>相続財産：現金1億2,000万円
>
>生前贈与：
>
>　配偶者Aは、被相続人から婚姻期間が20年を経過した後に、居住用不動産2,000万円の贈与を受けている。

この場合は、持戻し免除の意思表示があったものと推定されるので、みなし相続財産の金額と内訳は、次のようになります。

みなし相続財産	相続財産	相続分	1億2,000万円	1億2,000万円
		遺贈分	なし	
	生前贈与		持戻し免除の意思表示があったものと推定	

したがって、遺産分割は次のようになります。

	遺産分割の対象とする財産1億2,000万円		
相続人	配偶者A	子B	子C
相続分	6,000万円	3,000万円	3,000万円

配偶者Aは生前贈与で居住用不動産2,000万円を被相続人からもらっているので、上記の「相続分」に持戻し免除に係る生前贈与を加算すると、次のようになります。

相続分	6,000万円	3,000万円	3,000万円
持戻し免除の生前贈与	2,000万円		
特別受益＋相続分	8,000万円	3,000万円	3,000万円

改正により、配偶者がより保護されることとなります。

Q7 その他の民法903条に係る改正－3項

民法903条3項は、どのような改正が行われたのでしょうか。

A7

民法903条3項では、持戻し免除の意思表示と遺留分の関係について規定していますが、改正前の「その意思表示は、遺留分に関する規定に違反しない範囲内で、その効力を有する。」が改正により、「その意思に従う。」となりました。判例法理を明確化したものと考えられます。

解説

改正前後の条文を対比してみましょう。

改正後	改正前
被相続人が前2項の規定と異なった意思を表示したときは、その意思に従う。	被相続人が前2項の規定と異なった意思を表示したときは、その意思表示は、遺留分に関する規定に違反しない範囲内で、その効力を有する。

「被相続人が前2項の規定と異なった意思を表示したとき」とは、被相続人が「持戻し免除の意思表示をしたとき」という意味です。この点は、改正の前後を通じて共通です。

改正前の「その意思表示は、遺留分に関する規定に違反しない範囲内で、その効力を有する」が改正により、「その意思に従う」となりました。

持戻し免除の意思表示と遺留分の関係についてですが、遺留分に反する意思表示の部分（範囲）を当然に無効とすれば、有効と無効の範囲を明らかにしなければなりません。遺留分を侵害された（と判断した）相続人に減殺請求権を与えれば足りることです。

判例は、「本件遺留分減殺請求により、抗告人らの遺留分を侵害する本件持戻し免除の意思表示が減殺されることになるが、遺留分減殺請求により特別受益に当たる贈与についてされた持戻し免除の意思表示が減殺された場合、

持戻し免除の意思表示は、遺留分を侵害する限度で失効し、当該贈与に係る財産の価額は、上記の限度で、遺留分権利者である相続人の相続分に加算され、当該贈与を受けた相続人の相続分から控除されるものと解するのが相当である」（最高裁平成24年1月26日決定）としています。

「持戻し免除の意思表示」が直ちに（当然に）「無効」になるのではなく、「減殺」されるものとし、「遺留分を侵害する限度で失効」するのは、「遺留分減殺請求により〔中略〕持戻し免除の意思表示が減殺された場合」というのです。この判例法理を明文化したものと考えることができます。

Q8 実務への影響

改正により、相続実務へはどのような影響があるのですか。

A8

今回の民法改正により、配偶者間における「居住の用に供する建物又はその敷地」の遺贈又は贈与と「配偶者居住権」の遺贈については、「持戻しリスク」は、原則、解消されます。ただし、相続税法との相違については留意が必要です。

解説

住宅等に係る贈与税の配偶者控除

婚姻期間が20年以上の夫婦間で居住用不動産を贈与する場合は、次の相続税法に適合するように行うのが通例と思われます。

相続税法

（贈与税の配偶者控除）
第21条の6　その年において贈与によりその者との婚姻期間が20年以上である配偶者から専ら居住の用に供する土地若しくは土地の上に存する権利若しくは家屋でこの法律の施行地にあるもの（以下この条において「居住用不動産」

という。）又は<u>金銭</u>を取得した者（その年の前年以前のいずれかの年において贈与により当該配偶者から取得した財産に係る贈与税につきこの条の規定の適用を受けた者を除く。）が、当該取得の日の属する年の翌年3月15日までに当該居住用不動産をその者の居住の用に供し、かつ、その後引き続き居住の用に供する見込みである場合又は同日までに当該金銭をもつて居住用不動産を取得して、これをその者の居住の用に供し、かつ、その後引き続き居住の用に供する見込みである場合においては、その年分の贈与税については、課税価格から2千万円（当該贈与により取得した居住用不動産の価額に相当する金額と当該贈与により取得した金銭のうち居住用不動産の取得に充てられた部分の金額との合計額が2千万円に満たない場合には、当該合計額）を控除する。　　〔下線は加筆〕

　これは、贈与税の配偶者控除を定めたもので、婚姻期間が20年以上の夫婦の間で、居住用不動産又は居住用不動産を取得するための金銭の贈与が行われた場合、基礎控除110万円のほかに最高2,000万円まで控除（配偶者控除）できるという特例です。要件として、
(1)　夫婦の婚姻期間が20年を過ぎた後に贈与が行われたこと
(2)　配偶者から贈与された財産が、自分が住むための国内の居住用不動産であること又は居住用不動産を取得するための金銭であること
(3)　贈与を受けた年の翌年3月15日までに、贈与により取得した国内の居住用不動産又は贈与を受けた金銭で取得した国内の居住用不動産に、贈与を受けた者が現実に住んでおり、その後も引き続き住む見込みであること
とされています。
　今回の民法改正により、配偶者間における居住用不動産の贈与については、「持戻しリスク」は、原則、解消されます。ただし、次の点に留意が必要です。

	改正民法	相続税法
対　象	・「居住の用に供する建物又はその敷地」の遺贈又は贈与 ・「配偶者居住権」の遺贈	・居住用不動産の贈与^(注1) ・居住用不動産を取得するための金銭の贈与^(注2)

(注1) 相続税法では、遺贈は贈与税課税の対象となっていません。遺贈は、「贈与税」ではなく、「相続税」の課税対象となるからです。

(注2) 民法は、「居住用不動産を取得するための金銭」を対象としていません。今後の司法判断等によることになりますが、条文上は、金銭の贈与については、持戻しリスクは残ることになります。

なお、民法上の持戻し免除は、金額についての上限はありません。

2 仮払い制度等の創設・要件明確化

改正の概要（改正民法909条の2関係）
　預貯金債権については、平成28年12月19日の最高裁決定により、遺産分割の対象とされました。その結果、預貯金債権は、通常の可分債権と取扱いが異なることとなっています。それに伴い、相続財産である預貯金債権について、生活費や葬儀費用の支払い、相続債務の弁済などの資金需要に対応できるよう、遺産分割前にも払戻しが受けられる制度が創設されました。
施行日：公布の日（2018年7月13日）から起算して1年を超えない範囲
　　　　内において政令で定める日

Q1　改正内容

　相続人に一定の金額が仮払いできる制度が創設されたそうですが、概要を教えてください。

A1

　家庭裁判所の判断を経由して預貯金を仮払いする場合のほか、家庭裁判所の関与なく単独で、一定金額の預貯金を仮払いできるようになります。

解説

(1) **家事事件手続法の保全処分の要件を緩和する方策**
　相続人が、相続財産に属する債務の弁済や相続人の生活費などに金銭が必要な場合、家庭裁判所の手続を経ることにより、預貯金債権の全部又は一部を仮払いできることとされました。ただし、他の共同相続人の利益を害するときは、この限りではありません。

(2) **家庭裁判所の判断を経ないで、預貯金の払戻しを認める方策**
　共同相続された預貯金債権の権利行使について、次のような規律を設けて

います。

　各共同相続人は、遺産に属する預貯金債権のうち、その相続開始の時の債権額の３分の１に当該共同相続人の法定相続分を乗じた額（ただし、預貯金債権の債務者ごとに法務省令で定める額を限度とする。）については、単独でその権利を行使することができることとされました。

　この場合において、当該権利の行使をした預貯金債権については、当該共同相続人が遺産の一部の分割によりこれを取得したものとみなすこととされました。

　条文を確認していきます。

① 　家庭裁判所の判断により、預貯金の払戻しを認める場合

改正家事事件手続法

（遺産の分割の審判事件を本案とする保全処分）
第200条　〔略〕
2　家庭裁判所は、遺産の分割の審判又は調停の申立てがあった場合において、強制執行を保全し、又は事件の関係人の急迫の危険を防止するため必要があるときは、当該申立てをした者又は相手方の申立てにより、遺産の分割の審判を本案とする仮差押え、仮処分その他の必要な保全処分を命ずることができる。　　　　　　　　　　　　　　　　　　　　　　　　〔改正ナシ〕
3　前項に規定するもののほか、家庭裁判所は、遺産の分割の審判又は調停の申立てがあった場合において、相続財産に属する債務の弁済、相続人の生活費の支弁その他の事情により遺産に属する預貯金債権（民法第466条の５第１項に規定する預貯金債権をいう。以下この項において同じ。）を当該申立てをした者又は相手方が行使する必要があると認めるときは、その申立てにより、遺産に属する特定の預貯金債権の全部又は一部をその者に仮に取得させることができる。ただし、他の共同相続人の利益を害するときは、この限りでない。
　　　　　　　　　　　　　　　　　　　　　　　　　　　　〔新設〕

　3項を新設し、預貯金債権については、「仮に取得」（仮払い）をさせることができることとしています。

必要性がある資金需要の状況を具体的に列挙することは現実的ではなく、また、その切り分け方法に統一的な説明が困難であることから、典型的な資金需要を例示した上で、その必要性の判断と金額については家庭裁判所の裁量に委ねることとしています。

② 家庭裁判所の判断を経ないで、預貯金の払戻しを認める場合

> **改正民法〔新設〕**
>
> （遺産の分割前における預貯金債権の行使）
> 第909条の2　各共同相続人は、遺産に属する預貯金債権のうち相続開始の時の債権額の3分の1に第900条及び第901条の規定により算定した当該共同相続人の相続分を乗じた額（標準的な当面の必要生計費、平均的な葬式の費用の額その他の事情を勘案して預貯金債権の債務者ごとに法務省令で定める額を限度とする。）については、単独でその権利を行使することができる。この場合において、当該権利の行使をした預貯金債権については、当該共同相続人が遺産の一部の分割によりこれを取得したものとみなす。

ここで、重要な点は「単独で」一定金額を引き出せる点です。従来、相続人全員の印鑑証明書などが必要でしたが、この改正により、一定の現金の引出しが容易となりました。

例えば、預貯金債権が900万円、相続人が配偶者、子供2人の計3人いるケースです。

配偶者が仮払いを受けたい場合は、相続開始の時の預貯金債権額の3分の1（900万円×1/3＝300万円）に、当該共同相続人の法定相続分（配偶者は2分の1）を乗じた額（300万円×1/2＝150万円）が行使できる金額となります。ただし、標準的な当面の必要生計費、平均的な葬式の費用の額その他の事情を勘案して預貯金債権の債務者ごとに法務省令で定める額が限度とされます。

Q2 仮払い制度創設の経緯

なぜ、預貯金債権の一部分の仮払いが認められることとなったのでしょうか。経緯を教えてください。

A2

平成28年の最高裁決定により、預貯金債権が不可分債権とされ、分割協議の対象となったからです。

解説

最高裁平成28年12月19日決定（p.95 Q4参照）により預貯金債権が分割協議の対象となったことで、被相続人が有していた預貯金について、葬儀費用や当面の生活費など何らかの資金需要のために、遺産分割前に払い戻す必要があるにもかかわらず、共同相続人全員の同意を得ることができない場合には、経済的に立場の弱い相続人が不本意な分割協議に合意せざるを得ないといった不都合が生じ得る可能性があります。

こうした事情を踏まえ、一部の財産につき、仮払いを認めることとしたわけです。

Q3 可分債権と不可分債権

民法における可分債権と不可分債権の規定と、実務における取扱いの相違について教えてください。

A3

可分債権と不可分債権については、民法427条と428条で規定されていますが、実務上、相続人間の衡平が図られないという問題が指摘されていました。

解説

(1) 可分債権と不可分債権の民法の規定

民法は、可分債権と不可分債権について、次のように規定しています。

民法〔改正ナシ〕

（分割債権及び分割債務）
第427条　数人の債権者又は債務者がある場合において、別段の意思表示がないときは、各債権者又は各債務者は、それぞれ等しい割合で権利を有し、又は義務を負う。

（不可分債権）
第428条　債権の目的がその性質上又は当事者の意思表示によって不可分である場合において、数人の債権者があるときは、各債権者はすべての債権者のために履行を請求し、債務者はすべての債権者のために各債権者に対して履行をすることができる。

---

(2) 実務面からの検討

上記の条文について、実務を考慮して事例を補足すると、次のようになります。

可分債権	① 可分債権とは、性質上分割が可能であり、分割給付を目的とする債権を意味します。その事例として、売買代金や金銭債権があります(注)。 ② ただし、性質上、可分債権であっても当事者の合意又は合理的意思解釈により不可分債権となります。
不可分債権	① 不可分債権とは、複数の債権者が同一の不可分給付を目的として有する債権を意味します。 ② 不可分債権には、性質上不可分である場合と当事者の意思表示により不可分となる場合があります。

（注）預貯金債権については、最高裁決定によって不可分債権となっています（p.95 Q4参照）。

〔不可分債権とされる理由等〕

当事者の意思表示により不可分となる場合	性質上、可分債権であっても当事者の合意又は合理的意思解釈により不可分債権となります（上記の表中「可分債権」の②の場合が該当します。）。
性質上不可分である場合	例えば、3人が費用を分担して1台の自動車を購入した場合の3人のそれぞれの引渡請求権がこれに当たります。ただし、所有権は、別の概念であり、3人に帰属することになります。
反対給付の債務との関係で不可分となる場合	金銭債権であっても、例えば、建物の共同賃貸人が有する賃料債権は不可分債権とされます。その理由は、共同賃貸人が有する「建物を賃貸するという債務」が不可分であると考えられることから、その対価である賃料債権も不可分となります。各債権者（各相続人）は、持分にかかわらず、全額の賃料を賃借人に請求することができ、賃借人はその請求してきた者にその全額を支払えば、他の債権者（他の相続人）に支払う義務はなくなります。

(3) 実際の実務

　金銭債権等の可分債権は、従前の最高裁判決等により、相続の開始により当然に分割され、各相続人が相続分に応じて権利を承継することとされています。

　したがって、実際の遺産分割の実務においても、原則として遺産分割の対象から除外され、例外的に、相続人全員の合意がある場合に限り、遺産分割の対象とするという取扱いがされています。

　ところが、相続税申告の実務においては、金銭債権を遺産分割の対象としている事例は多くあります。その傾向は、納税資金を確保したり、他の財産とのバランスを調整したりするために利便性の高い預貯金債権において顕著でした。

　会計上は「現金預金」として一括りにされることが多いにもかかわらず、現金は遺産分割の対象となり(注)、預貯金は遺産分割の対象となりませんでし

た（最高裁平成 28 年 12 月 19 日決定の前の段階）。この点について、疑問を呈した相続人がいる場合、簡潔な説明を試みることは困難です。「司法判断がそのようになっていますので、ご理解を。」と説明するしかないのが現実でした。

（注）「相続人は、遺産の分割までの間は、相続開始時に存した金銭を相続財産として保管している他の相続人に対して、自己の相続分に相当する金銭の支払を求めることはできないと解するのが相当である。」（最高裁平成 4 年 4 月 10 日判決）として、「現金は遺産分割の対象となる」ことが示されています。

(4) 問題点

預貯金債権が可分債権である場合の問題点を事例により検討してみましょう。

> **事例 1**
> 相続人：子A、子B
> 被相続人の相続財産：不動産 5,000 万円
> 被相続人からの生前贈与：子Aに対して現金 2,000 万円

不動産は遺産分割の対象となる財産であり、預貯金債権は可分債権であるから、それぞれの遺産分割における具体的相続分は、次のようになります。

	子A	子B
みなし相続財産 (注) の配分	3,500 万円	3,500 万円
生前贈与財産の控除	2,000 万円	
相続分	不動産 1,500 万円	不動産 3,500 万円
生前贈与額	2,000 万円	
相続分＋生前贈与	現金 2,000 万円 不動産 1,500 万円	不動産 3,500 万円

（注）不動産 5,000 万円＋生前贈与 2,000 万円＝7,000 万円

特別受益（この事例では、遺贈はないので、生前贈与のみ）による具体的相続分が調整される結果、相続人間の衡平が図られることになります。

なお、不動産（5,000万円）を子Aが30％（1,500万円相当）、子Bが70％（3,500万円相当）の割合で相続することになり、共有関係が生じます。

実務上、この状態を生じないようにするためには、分割協議において子Bが子Aに代償金1,500万円を支払うことにより、共有関係とならない分割も可能です。このような分割方法を、「代償分割」といいます。その場合は、次のようになります。

		子A	子B
みなし相続財産（注）の配分		3,500万円	3,500万円
生前贈与財産の控除		2,000万円	
相続分として計算される額		不動産　1,500万円	不動産　3,500万円
代償金による解決	不動産	△1,500万円	＋1,500万円
	現金	＋1,500万円	△1,500万円
生前贈与額		2,000万円	
相続分＋生前贈与		現金3,500万円	不動産5,000万円 現金△1,500万円

この事例では、子Bは自己資金（又は借入れ）で代償金を子Aに支払うことになります。

不動産が共有関係になろうと、代償金を支払う場合であっても、相続人間の衡平は保たれています。

事例2

上記【事例1】のうち、相続財産を不動産から預貯金に変更します。

相続人：子A、子B
被相続人の相続財産：預貯金5,000万円
被相続人からの生前贈与：子Aに対して現金2,000万円

従前の最高裁判決のもとでは、預貯金は可分債権であり、遺産分割の対象とならなかったので、それぞれの遺産分割における具体的相続分は、次のようになります。

	子A	子B
相続分	預貯金 2,500万円	預貯金 2,500万円
生前贈与額	2,000万円	
相続分＋生前贈与	4,500万円	2,500万円

まず、預貯金は相続開始と同時に当然に法定相続分に応じて分割され、子Aと子Bはそれぞれ預貯金債権を取得します。

次に、遺産分割について、遺産分割の対象となる財産が存在しないため、遺産分割は行われません。

すなわち、子Aの特別受益（この場合は、生前贈与）を調整することができません（子Aの立場でいえば、調整しなくてもよいことになります。）。

したがって、これらの結果、特別受益による具体的相続分が調整されない等の結果、相続人間の衡平が図られないことになります。

Q4 最高裁平成28年12月19日決定

預貯金債権について、判例変更がされたそうですが、従前の判例内容と、平成28年12月19日の最高裁決定について教えてください。

A4

この最高裁大法廷決定により、普通預金債権、通常貯金債権及び定期貯金債権（これらをまとめて「預貯金債権」というのが通例です。）は、可分債権（遺産分割の対象外）ではなくなり、不可分債権（遺産分割の対象）となりました。

解説

(1) 最高裁判例（従前）

昭和29（1954）年4月8日の最高裁判決は、次のように、金銭債権その他の可分債権は、民法427条により法律上当然に分割され、遺産分割の対象とならないことを明白かつ簡潔に示していました。したがって、預貯金債権も可分債権とされていました。

> 判決要旨（最高裁昭和29年4月8日判決）
> 相続人数人ある場合において、その相続財産中に金銭債権その他の可分債権あるときは、その債権は法律上当然分割され各共同相続人がその相続分に応じて権利を承継するものと解するを相当とするから、所論は採用できない。

上記の末尾の部分は、上告理由を採用しないという趣旨です。結論は、「金銭債権その他の可分債権は、各共同相続人がその相続分に応じて権利を承継する」というものです。

この内容は、大審院大正9（1920）年12月22日判決を踏襲するもので、かつ、この判断に立脚する最高裁判決（昭和32年9月20日、昭和34年6月19日、平成10年6月30日、平成16年4月20日）による判断は、その後も続いていました。下級審判決は、当然にこの考え方に基づいています。

(2) 最高裁平成28年12月19日決定

最高裁平成28年12月19日決定では、次のように示されています。

> (2)〔中略〕
> ウ　前記(1)に示された預貯金一般の性格等を踏まえつつ以上のような各種預貯金債権の内容及び性質をみると、共同相続された普通預金債権、通常貯金債権及び定期貯金債権は、いずれも、相続開始と同時に当然に相続分に応じて分割されることはなく、遺産分割の対象となるもの

> と解するのが相当である。
> (3)以上説示するところに従い、最高裁平成15年（受）第670号同16年4月20日第三小法廷判決・裁判集民事214号13頁その他上記見解と異なる当裁判所の判例は、いずれも変更すべきである。

　この大法廷決定により、普通預金債権、通常貯金債権及び定期貯金債権（預貯金債権）は、可分債権（遺産分割の対象外）ではなくなり、不可分債権（遺産分割の対象）となりました。この結果、判例に基づく可分債権の取扱いは、概ね次のようになります。

決定前の区分	決定の影響	決定後の取扱い・根拠		
預貯金債権以外の可分債権	影響なし	分割協議の対象外	民法427	従前の判例（最高裁昭和29年4月8日判決他）により、「各共同相続人がその相続分に応じて権利を承継する」ことについては、不変。
預貯金債権	可分債権→不可分債権	分割協議の対象	民法428	最高裁平成28年12月19日決定により、変更されました。
元々、不可分債権であったもの	影響なし			

　なお、「中間試案」では、「預貯金債権以外の可分債権、例えば不法行為に基づく損害賠償請求権についても遺産分割の対象に含めるか否かについては、なお検討する。」とされていましたが、従前の取扱いと同様とされました。理由としては、次のような指摘がされています。
① 損害賠償請求権や不当利得返還請求権などの可分債権は、預貯金債権と異なり、一般の国民や当事者にとって典型的な資産ではない。
② 上記の可分債権は、その存否、存在するとした場合の金額を確定するこ

とは容易ではない。
③ 上記の可分資産を分割協議の対象とした場合には、分割に係る紛争や複雑化・長期化させることとなる。

したがって、損害賠償請求権や不当利得返還請求権のほか、（従前の区分でいうところの）「預貯金債権以外の可分債権」については、「相続開始と同時に、当然に法定相続分に応じて分割され、遺産分割の対象とならない」とする取扱いが維持されたのです(注)。

(注) この最高裁決定が可分債権一般について触れていないことを踏まえ、預貯金債権以外にも遺産分割の対象とすべき可分債権があるのではないかとの指摘があります。確かに、他の金融商品などを含めて、可分債権・不可分債権の範囲について検討すべきであると思われますが、司法判断を待つことになると考えられます。

Q5 実務への影響

改正により、相続実務にはどのような影響がありますか。

A5

直接的な効果は多くはないでしょうが、当面の金銭を、一定金額でも引き出せることとなったので、経済的に立場の弱い相続人が不本意な分割協議に合意せざるを得ない事例が減少することが期待されます。

解説

相続人が海外勤務で連絡が取りにくい場合や、そもそも居所が不明な場合、相続人が認知症で後見人が必要な場合など、相続人同士で連絡が取りづらい状態もあります。

葬儀費用や事業相手への支払いなど、金銭が必要となるケースは多々あるなかで、簡単に引き出せないとなると、当座の金銭の負担をどうするかなど、相続人間の争いの火種になり、遺産分割協議の弊害にもなりかねません。

今回の改正で、一定金額を引き出せるようになるため、ある程度は、金銭

的な争いごとを取り除く要因にもなり、スムーズな分割協議の一助となる可能性もあります。
　この点でも、一定の評価をできる改正といえるでしょう。

3 遺産の一部分割

改正の概要（改正民法 907 条関係）
　改正前の民法 907 条 1 項で「共同相続人は、次条の規定により被相続人が遺言で禁じた場合を除き、いつでも、その協議で、遺産の分割をすることができる。」とされていたところ、全部分割だけではなく、一部分割もできる旨が法文上において明らかとなりました。
施行日：公布の日（2018 年 7 月 13 日）から起算して 1 年を超えない範囲
　　　　内において政令で定める日

Q1 見直しの必要性

　遺産の一部分割について、どのような点で、見直しの必要があったのでしょうか。

A1

　改正前の民法 907 条 1 項の規定には、一部分割を認める旨の文言がありませんでした。しかし、実際には司法上の判断等をもとに、原則として一部分割は認められているといえるでしょう。その内容を明文化する意味で、今回の見直しが行われました。

解説

　改正前の民法 907 条 1 項の規定には、一部分割を認める旨の文言がありませんでした。そして、遺産分割の協議は、同法 906 条（p.102 参照）が示している「遺産の分割の基準」に従って総合的に行われることから、一回的解決を前提としているようにも読むことができます。
　例えば、遺産中の個々の財産を順次に分割していくとした場合、相続人の一人にとって満足のいくこととなった段階で、他の財産の分割協議に応じなかったり、あるいは、他の相続人が納得のできないような案を提示したりす

るような事例が想定されます。その観点では、同法906条の趣旨を踏まえ、一回的解決をすることが望ましいといえるでしょう。

しかし、相続財産への該当性について相続人の一人が第三者と争っている事例などにおいては、一回的解決に限定することは、困難だと考えられます。また、農地及び農業用資産については、農業を承継する相続人が相続することを希望し、他の相続人が希望しないことは通例であり、その部分だけを先に分割し(注)、他の部分については、熟慮の上で決定することもあるでしょう。

> (注)「農業相続人が農地等を相続した場合の納税猶予の特例」を受けるためには、相続税の申告書に所定の事項を記載し期限内（相続の開始があったことを知った日から10か月目の応当日まで）に提出することが要件の一つとなっています。

一回的解決は、望ましいものではありますが、それに限定することは適切ではありません。なお、最高裁の判断は見当たりませんでしたが、家庭裁判所の審判事例などでは、原則として、一部分割は認められているようです。また、改正前の民法907条3項は、一部分割を予定している条項であると理解することもできます。今回の見直しはその内容を明文化したものです。

Q2 改正の内容

遺産分割で、一部分割ができることとなったようですが、どのような改正が行われたのですか。

A2

共同相続人は、被相続人が遺言で禁じた場合を除き、いつでも、その協議で、遺産の全部又は一部の分割をすることができるとされました。

解説

共同相続人は、被相続人が遺言で禁じた場合を除き、いつでも、その協議で、遺産の全部又は一部の分割をすることができるとされました。

また、遺産の分割について、共同相続人間に協議が調わないとき、又は協

議をすることができないときは、各共同相続人は、その全部又は一部の分割を家庭裁判所に請求することができることとされました。

ただし、遺産の一部を分割することにより、他の共同相続人の利益を害するおそれがある場合におけるその一部の分割については、この限りではありません。

条文を新旧対照表で確認します。

民法	改正後	改正前
	（遺産の分割の基準） 第906条　遺産の分割は、遺産に属する物又は権利の種類及び性質、各相続人の年齢、職業、心身の状態及び生活の状況その他一切の事情を考慮してこれをする。	
	（遺産の分割の協議又は審判等） 第907条　共同相続人は、次条の規定により被相続人が遺言で禁じた場合を除き、いつでも、その協議で、遺産の全部又は一部の分割をすることができる。 2　遺産の分割について、共同相続人間に協議が調わないとき、又は協議をすることができないときは、各共同相続人は、その全部又は一部の分割を家庭裁判所に請求することができる。ただし、遺産の一部を分割することにより他の共同相続人の利益を害するおそれがある場合におけるその一部の分割については、この限りでない。 3　前項本文の場合において特別の事由があるときは、家庭裁判所は、期間を定めて、遺産の全部又は一部について、その分割を禁ずることができる。	（遺産の分割の協議又は審判等） 第907条　共同相続人は、次条の規定により被相続人が遺言で禁じた場合を除き、いつでも、その協議で、遺産の分割をすることができる。 2　遺産の分割について、共同相続人間に協議が調わないとき、又は協議をすることができないときは、各共同相続人は、その分割を家庭裁判所に請求することができる。 3　前項の場合において特別の事由があるときは、家庭裁判所は、期間を定めて、遺産の全部又は一部について、その分割を禁ずることができる。

〔下線部分：改正〕

遺産の分割について、共同相続人間に協議が調わないとき、又は協議をすることができないことがあります。その場合には、各共同相続人は、その全部又は一部の分割を家庭裁判所に請求することができます。なお、この手続は、平成25年1月1日以後は、家事事件手続法及び家事事件手続規則（最高裁判所が定めた規則）が適用されることとなっています。

この場合において、遺産の一部を分割することにより他の共同相続人の利益を害するおそれがある場合におけるその一部の分割については、この限りでないとして、一部分割を認めないこととしています。

一部分割をしても、残余の分割により全体として適正な分割がされることが確実であるような場合には、家庭裁判所は一部分割を許容することになります。しかし、先行する一部分割により財産を取得した者が、後の分割において（あるいは最終分割までに）十分な代償金を準備できる見込みがない場合や、他の未分割の財産についての換価の見込みがない場合などは、請求を却下することになります。

Q3 実務への影響

遺産の一部分割についての改正により、相続実務にはどのような影響があるのですか。

A3

一部分割が可能である旨が明文化されましたが、実務上は、一部分割は広く行われており、大きな影響はないものと考えられます。

解説

今改正により、実務への直接的に大きな影響はないものと考えられます。ただし、共同相続人にとって有益な財産のみが分割され、共同相続人が相続したくない財産については未分割のまま放置されているという実態があります。

例えば、利用価値のない（乏しい）山林や、居住する見込みのない故郷の住宅（両親が住んでいたが、相続により空き家となっている。）などがあります。法務省の資料によると、自然人名義の土地のうち「最後の登記から50年以上経過しているもの」の割合は、大都市地域で6.6%であり、中山間地域で26.6%です（平成29年6月6日公表の「不動産登記簿における相続登記未了土地調査について」）。また、農林水産省の調査結果によると、登記名義人が死亡していることが確認された農地（相続未登記農地）は約47万ヘクタールであり、登記名義人の生死がその市町村の住民基本台帳上において確認できず、相続未登記となっているおそれのある農地は約45万ヘクタールです。合計面積は約93万ヘクタールとなり、農地面積の約2割に達しているとの試算があります。

これらの問題は、民法の規定における一部分割とは直接の関係はなく、他の法律上の措置で解決すべきものです。

なお、預貯金債権を遺産分割の対象とする最高裁平成28年12月19日決定により、預貯金について先行して分割協議をすることも可能ですが、預貯金債権は他の相続財産の調整に利用しやすい点にも留意が必要です。

4 遺産の分割前に遺産に属する財産が処分された場合の遺産の範囲の見直し

改正の概要（改正民法906条の2関係）

　遺産の分割前に遺産に属する財産が処分された場合には、共同相続人は、共同相続人の全員の同意により、当該処分された財産が遺産の分割時に遺産として存在するものとみなして、以後の分割に係る手続を進めることができます。

　その財産の処分が「共同相続人の一人又は数人により処分」された場合には、共同相続人は、共同相続人の全員（処分をした者を除く。）の同意により、当該処分された財産が遺産の分割時に遺産として存在するものとみなして、以後の分割に係る手続を進めることができます。

施行日：公布の日（2018年7月13日）から起算して1年を超えない範囲内において政令で定める日

Q1 見直しの必要性

見直しの必要性について教えてください。

A1

　改正前の民法上では、相続開始後、遺産分割前に、共同相続人による財産処分が行われた場合には、処分を行った者が処分をしなかった場合と比べて利得をするという不公平が生じ得ます。そのため、公平かつ公正な遺産分割を実現するために、法律改正により、救済手段を設ける必要がありました。

解説

(1) 問題の所在

土地建物について争われた事件において、「共同相続人が分割前の遺産を共

同所有する法律関係は、基本的には民法249条以下に規定する共有としての性質を有すると解するのが相当であつて〔中略〕、共同相続人の一人から遺産を構成する特定不動産について同人の有する共有持分権を譲り受けた第三者は、適法にその権利を取得することができ〔中略〕、他の共同相続人とともに右不動産を共同所有する関係にたつが、右共同所有関係が民法249条以下の共有としての性質を有するものであることはいうまでもない。」（最高裁昭和50年11月7日判決）としています。民法249条は、「共有物の使用」について「各共有者は、共有物の全部について、その持分に応じた使用をすることができる」としています。

　すなわち、相続財産は、相続人間で分割されるまでの間は、他の相続人とともに共有し、その共有持分権を第三者に譲り渡すことが認められています。

　その結果、相続開始後、遺産分割前に、共同相続人による財産処分が行われた場合には、処分を行った者が処分をしなかった場合と比べて利得をするという不公平が生じることがあります。

　したがって、公平かつ公正な遺産分割を実現するために、法律改正により、救済手段を設ける必要がありました。

(2) 財産処分があった場合についての見解

　相続開始後、遺産分割前に、共同相続人による財産処分が行われた場合には、その共同相続人によって、自己の共有持分の処分がされた場合と同様の取扱いをすべきことになるものと考えられますが、この点について明文上の規律はなく、また、明確にこれに言及した最高裁判例も見当たりません。

　学説も、次のようにいくつかの見解があります。

① 持分譲渡の対価についても代償財産として遺産分割の対象とすべきという見解

② 一部分割がされたのと同様に、当該遺産を取得したこととして、その具体的相続分を算定すべきである（場合によっては代償金支払いなどの問題が生じる。）という見解

③ 遺産分割は、相続開始時に存在し、かつ、現存する遺産を対象とする手続であることから、相続開始の前後に、一部の相続人が、無断で第三者に遺産である不動産を売却して代金を隠匿したり、無断で被相続人名義の預金口座から預貯金の払戻しを受けたりしたとしても、そのようなものは、遺産分割の対象となる遺産の範囲には属さないし、遺産分割事件における分割審理の対象とはならない。

これらは、不法行為又は不当利得の問題として民事訴訟により解決されるべき問題である。

ただし、相続人がその事実を認め、現存遺産に含めて分割の対象とすることに合意すれば、その相続人が処分した預貯金等を取得したものとして処理することが可能となるにすぎないなどと論じる見解　等

③の見解によった場合、遺産分割は、相続開始時に存在し、かつ、遺産分割時に存在する財産を共同相続人間において分配する手続であるところ、一部の相続人が勝手に処分したり、第三者が相続財産を毀損、滅失させたりした場合など遺産分割時には存在しない財産については、遺産分割の対象とはならないものとなります。

もっとも、遺産分割時には存在しない財産であっても、これを当事者が遺産分割の対象に含める旨の合意をした場合には、遺産分割の対象となるものと考えられ、その考え方は、累次の判例によって承認されてきたところであり（最高裁昭和54年2月22日判決他）、また、現行の実務においても既に定着した考え方であるといえます。

すなわち、相続人の一人が、葬儀に要する費用を被相続人の死亡の前に預貯金から引き出したり、事業をしている被相続人の期限のある債務（手形や借入金など）を弁済するために、被相続人の財産を処分したりする場合などは、後にその者が、その旨を認めれば、その処分した財産も相続財産に含めて以後の手続を進めるだけとなります。

しかし、問題となるのは、相続人の一人が相続財産を処分してその代金を

取り込み、かつ、その財産を遺産分割の対象に含める旨の合意をしない場合であり、立法による解決が必要でした。

Q2 改正の内容

遺産の分割前に遺産に属する財産が処分された場合について、遺産の範囲の見直しが行われたそうですが、どのような改正でしょうか。

A2

遺産の分割前に遺産に属する財産が処分された場合、共同相続人は、その全員の同意により、その処分された財産が遺産の分割時に遺産として存在するものとみなすことができることとされました。

解説

(1) 概要

遺産分割の対象財産は、遺産の分割をしない限り、各相続人の共有であると考えられています。

この共有関係は遺産分割協議により解消されますが、遺産分割協議前であっても、相続人が共有持分を勝手に処分してしまうケースもあります。そうすると、この相続人以外の持分権を侵害することになります。

改正前は、他の相続人が不法行為に基づく損害賠償請求や不当利得返還請求などの手続を経なければならず、多大な費用と時間がかかる事態が生じていました。

そこで、こうしたトラブルを回避する方策として、処分された財産は、遺産の分割時に遺産として存在するものとみなす、という規定が設定されたのです。

詳しくは次のとおりの規律を設けることとされました。

(1) 遺産の分割前に遺産に属する財産が処分された場合、共同相続人は、その全員の同意により、その処分された財産が遺産の分割時に遺産として存

在するものとみなすことができる
(2) (1)の規定にかかわらず、共同相続人の一人又は数人により(1)の財産が処分されたときは、他の共同相続人は、処分された遺産に含めるか否かを、この処分をした相続人の同意を得ることなく決定できる

　例えば、A、B、Cの3人の子供が相続人であった場合、被相続人が自宅に持っていたタンス預金300万円を、Cが勝手に費消していた場合です。
　改正前は、Cが使った300万円を、不当利得返還請求などでCから取り戻す対応をしなければなりませんでした。
　今回の改正により、この300万円について、遺産に含めると決めることができるわけです。
　このケースでは、上記(2)の規定により、AとBは、Cの同意を得ることなく、この300万円を相続財産に含めるかどうかを決めることができます。
　仮に、被相続人がその他に有価証券600万円を持っていた場合、300万円を含めて計算すれば、(600万円＋300万円)÷3＝300万円ずつの配分ということになり、新たなCの取り分はなくなることになります。

(2) 条文構成

　条文構成を確認しながら、詳細を解説します。
　まず、次のとおり、条文が追加されました。

改正民法〔新設〕

（遺産の分割前に遺産に属する財産が処分された場合の遺産の範囲）
第906条の2　遺産の分割前に遺産に属する財産が処分された場合であっても、共同相続人は、その全員の同意により、当該処分された財産が遺産の分割時に遺産として存在するものとみなすことができる。
2　前項の規定にかかわらず、共同相続人の一人又は数人により同項の財産が処分されたときは、当該共同相続人については、同項の同意を得ることを要しない。

これによると、次のような場合分けになります。

場面設定	共同相続人の対応
〔1項〕 遺産の分割前に遺産に属する財産が、 誰かにより、 処分された場合	共同相続人は、その全員の同意により、当該処分された財産が遺産の分割時に遺産として存在するものとみなすことができる。
〔2項〕 遺産の分割前に遺産に属する財産が、 共同相続人の一人又は数人により、 処分された場合	当該処分された財産が遺産の分割時に遺産として存在するものとみなすことについて、処分をした共同相続人については、同意を得ることを要しない。 （処分をしなかった共同相続人の全員による同意で足りる。）

1項は一般原則です。2項で「共同相続人の一人又は数人」が処分した場合を規定しているので、この1項は、「共同相続人の一人又は数人」以外の者による行為を規定していることになります。

第3章 遺言制度に関する見直し

1 自筆証書遺言の方式緩和

改正の概要（改正民法 968 条関係）

　改正前の制度において、全文、日付及び氏名のすべてを自書（本人が自分で書くこと。自筆で作成すること。）しなければならないとされている自筆証書遺言について、財産目録の部分は、自書に拠らないことが許容されることになります。

　また、自筆証書遺言に財産目録を添付する場合、財産目録のすべてのページに、遺言者は署名し押印する必要があります。

施行日：公布の日（2018 年 7 月 13 日）から起算して 6 月を経過した日

Q1 遺言制度の概要

遺言制度について、概要を教えてください。

A1

　遺言は法律行為の一種であり、遺言ですることのできる行為は法定されています。

解説

遺言ですることのできる法的な行為の主なものは、下記のとおりとされています。
① 相続の法定原則の修正
　○相続人の廃除、廃除の取消し（民法 893 条、894 条 2 項）
　○相続分の指定（民法 902 条）
　○遺産分割方法の指定、遺産分割の禁止（民法 908 条）

○特別受益の持戻し免除（民法903条3項）
○遺贈による担保責任に関する別段の意思表示（民法914条）
○遺贈の減殺の割合（改正前の民法1034条ただし書）
② 相続以外の財産処分
○遺贈に関する事柄（民法964条等）
○財団法人設立・寄附行為（一般社団法人及び一般財団法人に関する法律152条2項）
○信託の設定（信託法2条2項2号、4条2項）
③ 身分関係に関する事項
○子の認知（民法781条2項）
○未成年後見人の指定（民法839条1項）
○未成年後見監督人の指定（民法848条）
④ 遺言の執行に関する事項
○遺言執行者の指定（民法1006条1項）

Q2 遺言の方式

遺言の作成方式について教えてください。

A2

遺言は所定の方式により作成する必要があり、普通方式の遺言には、自筆証書遺言（民法968条）、公正証書遺言（民法969条）、秘密証書遺言（民法970条）があります。

解説

遺言の方式には、普通方式と特別方式があり、普通方式の遺言には下記の3つの方式があります。

なお、死が差し迫っている等、普通方式に従った遺言をすることができないやむを得ない状況である場合には、特別方式が用いられますが、本書では

説明を省略します。

	自筆証書遺言	公正証書遺言	秘密証書遺言
作成方法	本人が遺言の全文、日付・氏名を自書し、押印する。	遺言者が口述し、それを公証人が文書にして作成する。	本人が作成(自書でなくてもよい。)した遺言書を封印し、公証役場で証明を受ける。
証人	証人不要	証人2名以上必要	証人2名以上必要
保管場所	保管場所を問わない。	原本は公証役場で保管される。	保管場所を問わない。
メリット	・一人で簡単にできる。 ・費用がかからない。 ・遺言の内容を秘密にできる。	・公証人が作成するため方式不備にならない。 ・原本を公証役場で保管するため変造・隠匿のおそれがない。	・遺言の内容を秘密にでき、偽造・変造などを防止できる。
デメリット	・遺言書の紛失、偽造・変造のおそれがある。 ・相続時に遺言書が見つからないおそれがある。 ・方式不備、内容不備で法的に無効になるおそれがある。	・遺言内容が公証人や証人に知られる。 ・制作に手間と時間を要する。 ・費用がかかる。	・遺言書の紛失のおそれがある。 ・方式不備、内容不備で法的に無効になるおそれがある。 ・作成に手間と時間を要する。 ・費用がかかる。

Q3 自筆証書遺言のあり方の見直し

改正前の自筆証書遺言のあり方について、どのような点で見直しの必要があったのでしょうか。

A3

民法では、自筆証書遺言について、その自筆要件と検認手続の履践を厳密に規定しています。それ自体は当然の規定ですが、高齢化社会における遺言のあり方を考えると、可能な範囲で他の選択肢も提供する必要がありました。

解説

自筆証書遺言については、全文を自筆で書かなければいけないとされていることから、非常に手間がかかり、その負担も大きいと指摘されていました。

また、下記の「自筆証書遺言及び公正証書遺言の作成例」にあるように、「1000万円」を「2000万円」と訂正した上で横に押印して、「何文字削除し、何文字加えて変更する」としたうえで、さらに署名をする必要があるなど、かなり厳格な方式が求められており、見直しが検討されました。

さらに、自筆証書遺言の検認手続についても、民法は厳格に規定しています。遺言書の保管者又はこれを発見した相続人は、遺言者の死亡を知った後、遅滞なく遺言書を家庭裁判所に提出して、その「検認」を請求しなければなりません（民法1004①）。この規定は、公正証書による遺言には適用されません（同条②）。また、封印のある遺言書は、家庭裁判所で相続人等の立会いがなければ、開封することができないこととされています（同条③）。

検認とは、相続人に対し遺言の存在及びその内容を知らせるとともに、遺言書の形状、加除訂正の状態、日付、署名など検認の日現在における遺言書の内容を明確にして、その後の遺言書の偽造・変造を防止するための手続です。すなわち、検認には、遺言の有効・無効を判断したり、その有効性を担保する機能はありません。

(注) 遺言書を提出することを怠り、その検認を経ないで遺言を執行し、又は、家庭裁判所外においてその開封をした者は、秩序罰としての金銭罰（5万円以下の過料）が課されます（同法1005）。もっとも、この手続を経ないで開封しても無効にはなりませんが、開封と検認に係る義務が免責されることはありません。その旨が検認調書に記載されることになり、改変や加筆があったのではないかとの疑義が生じ、紛争のリスクを高めることとなることに留意が必要です。

〔自筆証書遺言の作成例・加除訂正の例〕

民法（相続関係）部会　参考資料４

自筆証書遺言及び公正証書遺言の作成例

自筆証書遺言の作成例

遺　言　書

1　私は，私の所有する次の不動産を，長男甲野一郎（昭和○年○月○日生）に相続させる。
　　①　土地
　　　　所在　○○市○○区○○町○丁目
　　　　地番　○番○
　　　　地積　○○㎡
　　②　建物
　　　　所在　○○市○○区○○町○丁目○番地○
　　　　家屋番号　○番○
　　　　種類　居宅
　　　　構造　木造瓦葺２階建
　　　　床面積　１階　○○㎡
　　　　　　　　２階　○○㎡
2　私は，次男甲野次郎に対し，私の所有する預貯金の中から，現金~~１０００~~２０００㊞万円を相続させる。
　　　　第２項１行目「１０００」の文字４字を削除し，
　　　　「２０００」の文字４字を加えて変更する。甲野太郎
3　私は，妻甲野花子に対し，１及び２に記載した財産以外の預貯金，有価証券その他一切の財産を相続させる。
4　私は，この遺言の遺言執行者として長男甲野一郎を指定する。

　　平成２７年９月８日
　　　　住所　東京都千代田区霞が関１丁目１番１号
　　　　　　　　　　　　　　　　　　　　甲野太郎　㊞

※　全文の自書が必要。

〔参考〕

(出典:法務省ホームページ)

Q4 自筆証書遺言の方式緩和

改正により、自筆証書遺言の方式のどのような部分が緩和されたのですか。条文はどのように見直されているかも併せて教えてください。

A4

自筆証書遺言の財産目録部分について、ワープロによる作成のほか、登記事項証明書等の写しでも可能となりました。

解説

自筆証書遺言は、その全文、日付及び氏名を自書する必要がありましたが、改正により、添付する財産目録については、自書することを要しないこととされました。

具体的には、財産目録は、すべてのページに遺言者の署名及び押印をすることを担保措置として、ワープロでの作成のほか、登記事項証明書等の写しでも可能になりました。

〔参考〕

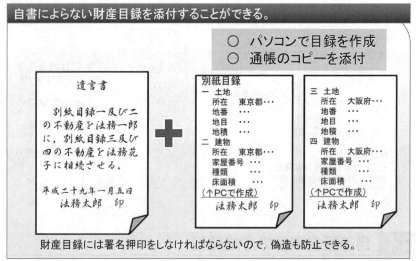

（出典：法務省ホームページ）

条文では、民法968条等が改正されており、下記のように見直されました。

民法		
	改正後	改正前
	（自筆証書遺言） 第968条　自筆証書によって遺言をするには、遺言者が、その全文、日付及び氏名を自書し、これに印を押さなければならない。 2　前項の規定にかかわらず、自筆証書にこれと一体のものとして相続財産（第997条第1項に規定する場合における同項に規定する権利を含む。）の全部又は一部の目録を添付する場合には、その目録については、自書することを要しない。この場合において、遺言者は、その目録の毎葉（自	（自筆証書遺言） 第968条（同左） （新設）

書によらない記載がその両面にある場合にあっては、その両面）に署名し、印を押さなければならない。 3　自筆証書（前項の目録を含む。）中の加除その他の変更は、遺言者が、その場所を指示し、これを変更した旨を付記して特にこれに署名し、かつ、その変更の場所に印を押さなければ、その効力を生じない。	2　自筆証書中の加除その他の変更は、遺言者が、その場所を指示し、これを変更した旨を付記して特にこれに署名し、かつ、その変更の場所に印を押さなければ、その効力を生じない。

Q5　改正後の自筆証書遺言の事例

改正後の自筆証書遺言に財産目録を添付する際、どのような形式になるのでしょうか。

A5

前述のとおり、自筆証書遺言は、すべて自書することを原則としつつ、改正により、本文と一体のものとして財産目録を添付する場合には、その財産目録については自書することを要しないこととされます。

解説

改正により、財産目録は、ワープロで作成したもの、他人が書いたもの、登記事項証明書、預金通帳の写し等でも認められることになります。

ただし、遺言者は、その目録のそれぞれのページ（自書によらない記載がその両面にある場合にあっては、その両面）に署名し、印を押さなければならないこととなります。

また、改正後の自筆証書遺言、財産目録の記載例は下記のようになります。

なお、遺贈等の対象となる財産の特定に関する事項については、民法（相続関係）部会の検討過程において、下記の事項等が想定されるとしています。
○不動産の表示（土地であれば所在、地番、地目及び地積／建物であれば所在、

家屋番号、種類、構造及び床面積）
○預貯金の表示（銀行名、口座の種類、口座番号及び口座名義人等）
○その他（株式、投資信託受益権、国債及びゴルフ会員権等）

参考資料　　　　　　　　　民法（相続関係）部会　参考資料

遺言書

一　長女花子に，別紙一の不動産及び別紙二の預金を相続させる。

二　長男一郎に，別紙三の不動産を相続させる。

三　東京和男に，別紙四の~~動産~~を遺贈する。
　　　　　　　　　　　　　株式㊞

　　　平成二十九年十二月十九日
　　　　　　法　務　五　郎　㊞

　　　上記三中，二字削除二字追加
　　　　　　法　務　五　郎

別紙一

　　　　　　　　　目　　録

一　所　　在　　東京都千代田区霞が関一丁目
　　地　　番　　〇番〇号
　　地　　目　　宅地
　　地　　積　　〇平方メートル

　　　　　　　　　　　　霞が関 ㊞

二　所　　在　　東京都千代田区九段南一丁目〇番〇号
　　家屋番号　　〇番〇
　　種　　類　　居宅
　　構　　造　　木造瓦葺2階建て
　　床面積　　　1階　〇平方メートル
　　　　　　　　2階　〇平方メートル

　　　　　　　法　務　五　郎　㊞

　　上記二中，三字削除三字追加
　　　　　　法　務　五　郎

別紙二

```
┌─────────────────────────────────────────┐
│  普通預金通帳              ○銀行         │
│                            ○支店         │
│   お名前                                  │
│     法 務 五 郎 様                        │
│                                           │
│   店番           口座番号                 │
│    ○○            ○○○                  │
│                                           │
├─────────────────────────────────────────┤
│                                           │
│                                           │
│         ※  通帳のコピー                  │
│                                           │
│                                           │
└─────────────────────────────────────────┘
```

法 務 五 郎 ㊞

別紙三

様式例・1

表題部	（土地の表示）	調製	余白	不動産番号	000000000000
地図番号	余白	筆界特定	余白		
所　在	特別区南都町一丁目			余白	

① 地番	② 地目	③ 地積　㎡		原因及びその日付〔登記の日付〕
101番	宅地	300	00	不詳 〔平成20年10月14日〕

所有者	特別区南都町一丁目1番1号　甲野太郎

権利部（甲区）	（所有権に関する事項）		
順位番号	登記の目的	受付年月日・受付番号	権利者その他の事項
1	所有権保存	平成20年10月15日 第637号	所有者　特別区南都町一丁目1番1号 　　　　甲野太郎
2	所有権移転	平成20年10月27日 第718号	原因　平成20年10月26日売買 所有者　特別区南都町一丁目5番5号 　　　　法務五郎

権利部（乙区）	（所有権以外の権利に関する事項）		
順位番号	登記の目的	受付年月日・受付番号	権利者その他の事項
1	抵当権設定	平成20年11月12日 第807号	原因　平成20年11月4日金銭消費貸借同日設定 債権額　金4,000万円 利息　年2・60％（年365日日割計算） 損害金　年14・5％（年365日日割計算） 債務者　特別区南都町一丁目5番5号 　　　　法務五郎 抵当権者　特別区北都町三丁目3番3号 　　　　　株式会社南北銀行 　　　　　（取扱店　南都支店） 共同担保　目録（あ）第2340号

共同担保目録					
記号及び番号	（あ）第2340号			調製	平成20年11月12日
番号	担保の目的である権利の表示	順位番号		予　備	
1	特別区南都町一丁目　101番の土地	1		余白	
2	特別区南都町一丁目　101番地　家屋番号101番の建物	1		余白	

これは登記記録に記録されている事項の全部を証明した書面である。

平成21年3月27日
関東法務局特別出張所　　　登記官　　　法務八郎　㊞

（みほん 電子公印）

＊　下線のあるものは抹消事項であることを示す。　　　整理番号　D23992　（1/1）　1/1

別紙四

目　録

私名義の株式会社法務組の株式　　１２０００株

　　　　法　務　五　郎　㊞

2 自筆証書遺言に係る遺言書の保管制度の創設

> **改正の概要（遺言書保管法）**
> 　自筆証書遺言の保管制度が創設されました。
> 　この制度による自筆証書遺言については、遺言者の住所地（若しくは本籍地）又は遺言者の所有する不動産の所在地の法務局において保管され、検認手続が不要となります。
> 施行日：公布の日（2018年7月13日）から起算して2年を超えない範囲
> 　　　　内において政令で定める日

Q1　自筆証書遺言の保管制度創設の経緯

　自筆証書遺言の保管制度が創設されるとのことですが、なぜこの改正が行われるのでしょうか。背景を教えてください。

A1

　保管制度創設前の自筆証書遺言制度においては、作成後の紛失や相続人による隠匿等、また、相続開始後に遺言が発見されない等のリスクがありました。そのため、自筆証書遺言を作成した者が一定の公的機関に遺言書の原本の保管を委ねることができる制度を創設することが必要だと考えられました。

解説

　自筆証書遺言は、作成後に遺言書を紛失したり、あるいは相続人によって隠匿や変造されたりするおそれがあり、相続人が遺言書の存在を把握できなかったり、複数の遺言書が出てきたり、さらには遺言書の作成の真正をめぐって深刻な紛争が生じたりするという問題がありました。
　これらの問題の一因として、自筆証書遺言を確実に保管し、相続人がその存在を把握することができる仕組みが確立されていないという指摘があり、

これらを解決するための方策が検討されました。

Q2 自筆証書遺言の保管制度の創設とその内容

今改正で創設された自筆証書遺言の保管制度とは、どのような制度なのでしょうか。

A2

民法改正（新たな条文の新設）によるのではなく、「法務局における遺言書の保管等に関する法律」が制定されました。

新たに設けられた法律には、遺言書の保管申請の形式や遺言書に係る情報の管理、「遺言書情報証明書」や「遺言書保管事実証明書」の交付等といった内容が定められています。

解説

「法務局における遺言書の保管等に関する法律」の概要は以下のとおりです。

○ 遺言書の保管の申請

保管の申請の対象となるのは、改正民法968条の自筆証書によってした遺言（自筆証書遺言）に係る遺言書のみです（1条）。

また、遺言書は、封のされていない法務省令で定める様式（別途定める予定）に従って作成されたものでなければなりません（4条2項）。

遺言書の保管に関する事務は、法務局のうち法務大臣の指定する法務局（遺言書保管所）において、遺言書保管官として指定された法務事務官が取り扱います（2条、3条）。

遺言書の保管の申請は、遺言者の住所地若しくは本籍地又は遺言者が所有する不動産の所在地を管轄する遺言書保管所の遺言書保管官に対してすることができます（4条3項）。

遺言書の保管の申請は、遺言者が遺言書保管所に自ら出頭して行わなければなりません。その際、遺言書保管官は、申請人が本人であるかどうか

の確認をします（4条6項、5条）。
○ 遺言書保管官による遺言書の保管及び情報の管理
　保管の申請がされた遺言書については、遺言書保管官が、遺言書保管所の施設内において原本を保管するとともに、その画像情報等の遺言書に係る情報を管理することとなります（6条1項、7条1項）。
○ 遺言者による遺言書の閲覧、保管の申請の撤回
　遺言者は、保管されている遺言書について、その閲覧を請求することができ、また、遺言書の保管の申請を撤回することができます（6条、8条）。
　保管の申請が撤回されると、遺言書保管官は、遺言者に遺言書を返還するとともに遺言書に係る情報を消去します（8条4項）。
　遺言者の生存中は、遺言者以外の者は、遺言書の閲覧等を行うことはできません。
○ 遺言書の保管の有無の照会及び相続人等による証明書の請求等
　特定の死亡している者について、自己（請求者）が相続人、受遺者等となっている遺言書（関係遺言書）が遺言書保管所に保管されているかどうかを証明した書面（遺言書保管事実証明書）の交付を請求することができます（10条）。
　遺言者の相続人、受遺者等は、遺言者の死亡後、遺言書の画像情報等を用いた証明書（遺言書情報証明書）の交付請求及び遺言書原本の閲覧請求をすることができます（9条）。
　遺言書保管官は、遺言書情報証明書を交付し又は相続人等に遺言書の閲覧をさせたときは、速やかに、その遺言書を保管している旨を遺言者の相続人、受遺者及び遺言執行者に通知します（9条5項）。
○ 遺言書の検認の適用除外
　遺言書保管所に保管されている遺言書については、遺言書の検認（民法1004条1項）の規定は、適用されません（11条）。
○ 手数料
　遺言書の保管の申請、遺言書の閲覧請求、遺言書情報証明書又は遺言書

保管事実証明書の交付の請求をするには、手数料を納める必要があります（12条）。

〔参考〕

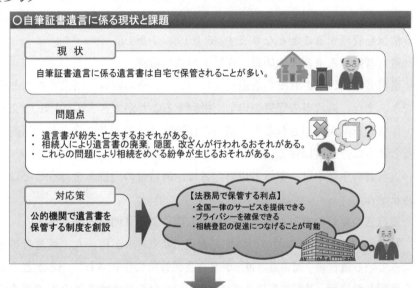

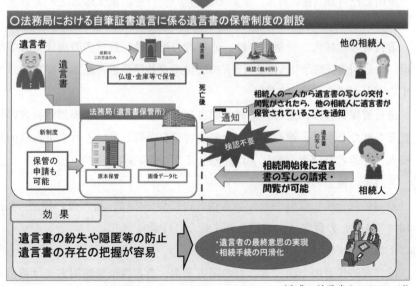

（出典：法務省ホームページ）

Q3 実務への影響

今回の改正を受けて、税理士は相続人にどのような助言を行うと良いのでしょうか。

A3

遺言書の保管の有無について、公証人役場のほか、法務局にも確認するよう相続人に助言する必要があります。

解説

公正証書遺言については、公証人は、昭和64（1989）年1月1日以後、日本公証人連合会において全国的に、公正証書遺言を作成した公証役場名、公証人名、遺言者名、作成年月日等を管理しており、この「遺言検索システム」により、どの公証役場でも被相続人の遺言の有無（遺言の内容は含みません。）を照会することができます。

今回の自筆証書遺言に係る遺言書保管制度の創設により、自筆証書遺言についても、法務局において遺言書の有無の確認が可能となりました。

したがって、相続人に対しては、まず遺言書の有無を確認するよう伝える必要があります。公証役場の「遺言検索システム」を利用するほか、今後は、法務局において「遺言書保管事実証明書」の交付を請求することにより遺言書保管所等を特定し、その遺言書保管所の遺言書保管官に対して「遺言書情報証明書」の交付を請求することを助言する必要があるでしょう。

3 遺贈義務者の引渡義務等

改正の概要（改正民法 998 条関係）

「不特定物の遺贈義務者の担保責任」について規定した改正前の民法 998 条が削除され、新たに「遺贈義務者の引渡義務」について規定した 998 条が新設されました。関連して「第三者の権利の目的である財産の遺贈」について規定した改正前の 1000 条が削除されました。また、「撤回された遺言の効力」について規定した 1025 条に、「錯誤」による場合が追加されました。

施行日：民法の一部を改正する法律（平成 29 年法律第 44 号）の施行の日（平成 32（2020）年 4 月 1 日）

Q1 改正の背景

なぜこのような改正が行われたのか、その背景を教えてください。

A1

民法の債権法が改正され、売買等の担保責任に関する規律について見直しが行われたこととの整合性から、「遺贈の担保責任」についても見直しが必要であると考えられました。

解説

債権法の見直しに関する法制審議会での議論を踏まえ、遺贈の担保責任についても、その見直しの要否を検討する必要があるとされました。

債権法の改正では、目的物が特定物であるか不特定物であるかにかかわらず、買主は追完請求権を行使し得ることとされており、無償行為である贈与についても、基本的にはこの考え方が維持されていることを考慮する必要があります。

それらを背景に、遺贈においても同様の考え方を採用すべきことになると考えられました。

3　贈与者の引渡義務等（民法第551条関係）
民法第551条第1項の規律を次のように改めるものとする。
贈与者は、贈与の目的である物又は権利を、贈与の目的として特定した時の状態で引き渡し、又は移転することを約したものと推定する。
（民法（債権関係）の改正に関する要綱より）

この贈与のあり方の見直しに伴い、債権法は、「贈与者の担保責任」が削除され、「贈与者の引渡義務等」が新たに設けられました。なお、契約に適合した物又は権利を引き渡すのが原則ですが、贈与契約の無償性に鑑み、贈与者の意思推定の規定が置かれ、贈与者の責任の軽減が図られています。

改正債権法	
改正後（新設）	改正前（削除）
（贈与者の引渡義務等） 第551条　贈与者は、贈与の目的である物又は権利を、贈与の目的として特定した時の状態で引き渡し、又は移転することを約したものと推定する。 2　負担付贈与については、贈与者は、その負担の限度において、売主と同じく担保の責任を負う。	（贈与者の担保責任） 第551条　贈与者は、贈与の目的である物又は権利の瑕疵又は不存在について、その責任を負わない。ただし、贈与者がその瑕疵又は不存在を知りながら受贈者に告げなかったときは、この限りでない。 2　（同左）

Q2　改正条文の内容

民法（相続関係）の条文については、改正によりどのような構成となるのですか。

A2

　「不特定物の遺贈義務者の担保責任」について規定した改正前の民法998条が削除され、新たに「遺贈義務者の引渡義務」について規定した998条が新設されました。関連して「第三者の権利の目的である財産の遺贈」について規定した改正前の1000条が削除されました。また、「撤回された遺言の効力」について規定した1025条に、「錯誤」による場合が追加されました。

解説

　民法（債権法）の改正では、無償行為である贈与についても、目的物が特定物であるか不特定物であるかにかかわらず、買主は追完請求権を行使し得るという考えに基づいており、遺贈についても同様の考え方を採用することとなりました。

　遺贈の場合には、その無償性を考慮して、遺贈義務者の追完義務について特則を設け、その責任を軽減するという考え方もあり得るところですが、遺贈についてのみ特則を設けるのはバランスを失すると考えられました。

　そこで、今回の見直しで、不特定物の遺贈の担保責任を定めた改正前の民法998条が削除され、新たに「遺贈義務者の引渡義務」が設けられました。なお、遺贈義務者の引渡義務の規定には、贈与の場合のような推定規定はありません。

民法	改正後（新設）	改正前（削除）
	（遺贈義務者の引渡義務） 第998条　遺贈義務者は、遺贈の目的である物又は権利を、相続開始の時（その後に当該物又は権利について遺贈の目的として特定した場合にあっては、その特定した時）の状態で引き渡し、又は移転する義務を負う。ただし、	（不特定物の遺贈義務者の担保責任） 第998条　不特定物を遺贈の目的とした場合において、受遺者がこれにつき第三者から追奪を受けたときは、遺贈義務者は、これに対して、売主と同じく、担保の責任を負う。 2　不特定物を遺贈の目的とした場合

遺言者がその遺言に別段の意思を表示したときは、その意思に従う。

において、物に瑕疵があったときは、遺贈義務者は、瑕疵のない物をもってこれに代えなければならない。

　また、改正前の民法1000条は削除され、同法1025条ただし書の「詐欺又は強迫」が「錯誤、詐欺又は強迫」に改められました。これは、債権法改正において、「錯誤による意思表示」は、「錯誤無効」（錯誤は当初から無効）ではなく、詐欺及び強迫とともに取消の対象となったことと整合性を図るためです。

民法〔改正前〕

（第三者の権利の目的である財産の遺贈）
第1000条　遺贈の目的である物又は権利が遺言者の死亡の時において第三者の権利の目的であるときは、受遺者は、遺贈義務者に対しその権利を消滅させるべき旨を請求することができない。ただし、遺言者がその遺言に反対の意思を表示したときは、この限りでない。　　　　　　　　　　〔削除〕

改正民法

（撤回された遺言の効力）
第1025条　前3条の規定により撤回された遺言は、その撤回の行為が、撤回され、取り消され、又は効力を生じなくなるに至ったときであっても、その効力を回復しない。ただし、その行為が錯誤、詐欺又は強迫による場合は、この限りでない。　　　　　　　　　　〔下線部：改正により追加〕

4 遺言執行者の権限の明確化等

改正の概要(改正民法1007条、1012条-1016条関係)

　今回の民法改正により、遺言執行者の権限の明確化が図られました。税理士が遺言執行者に指定される事例も既に一定割合あり、今後はさらに増加するものと推察されるので、遺言執行に関する項目について、改正項目の周辺事項についても触れることとします。
・遺言執行者の任務の開始（Q4参照）
・遺言執行者の権利義務（Q2参照）
・遺言の執行の妨害行為の禁止（Q5参照）
・特定財産に関する遺言の執行（Q6参照）
・遺言執行者の地位→遺言執行者の行為の効果（Q7参照）
・遺言執行者の復任権（Q8参照）
施行日：公布の日（2018年7月13日）から起算して1年を超えない範囲
　　　　内において政令で定める日

Q1　遺言執行者とは

　遺言執行者はどのような役割をするのでしょうか。また、どのように指定されるのでしょうか。

A1

　遺言執行者の役割は、遺言の内容を実現するため、相続財産の管理その他遺言の執行に必要な一切の行為をすることです。遺言執行者は遺言により指定することのほか、遺言執行者が不在の場合には、利害関係人の請求により、家庭裁判所が選任します。

解説

　遺言執行者とは、遺言を執行するために遺言により指定され、又は利害関

係人の請求によって家庭裁判所に選任された者で、選任された者が就職を承諾することによってその地位に就任します（民法1007①）。なお、承諾については任意であり、断ることもできます。

民法

（遺言執行者の指定）
第1006条　遺言者は、遺言で、一人又は数人の遺言執行者を指定し、又はその指定を第三者に委託することができる。
2　遺言執行者の指定の委託を受けた者は、遅滞なく、その指定をして、これを相続人に通知しなければならない。
3　遺言執行者の指定の委託を受けた者がその委託を辞そうとするときは、遅滞なくその旨を相続人に通知しなければならない。〔改正ナシ〕

改正後	改正前
（遺言執行者の任務の開始） 第1007条　遺言執行者が就職を承諾したときは、直ちにその任務を行わなければならない。 <u>2　遺言執行者は、その任務を開始したときは、遅滞なく、遺言の内容を相続人に通知しなければならない。</u>	（遺言執行者の任務の開始） 第1007条（同左） （新設）

（遺言執行者に対する就職の催告）
第1008条　相続人その他の利害関係人は、遺言執行者に対し、相当の期間を定めて、その期間内に就職を承諾するかどうかを確答すべき旨の催告をすることができる。この場合において、遺言執行者が、その期間内に相続人に対して確答をしないときは、就職を承諾したものとみなす。
（遺言執行者の欠格事由）
第1009条　未成年者及び破産者は、遺言執行者となることができない。
（遺言執行者の選任）
第1010条　遺言執行者がないとき、又はなくなったときは、家庭裁判所は、利害関係人の請求によって、これを選任することができる。〔改正ナシ〕

Q2 遺言執行者の権利義務

遺言執行者の権利義務について教えてください。

A2

遺言執行者には、任務の開始、相続財産の目録の作成、遺言内容の実現に関する権利及び義務を有することのほか、民法の規定が準用されます。

解説

遺言執行者は、遺言の内容を実現するため、相続財産の管理その他一切の行為をする権利及び義務を有しています（改正民法1012①）。遺言執行者が就職を承諾したときは、直ちにその任務を行わなければなりません（同法1007①）。具体的には、遅滞なく遺言の内容を相続人に通知し（同法1007②）、遅滞なく相続財産の目録を作成して相続人に交付しなければなりません（民法1011①）。

なお、遺言執行者は、遺言の執行に関して相続人との間で委任類似の関係に立つことから、委任契約における受任者の義務、責任、費用償還等に関する規定が準用されます（改正民法1012③）。

民法

（相続財産の目録の作成）
第1011条　遺言執行者は、遅滞なく、相続財産の目録を作成して、相続人に交付しなければならない。
2　遺言執行者は、相続人の請求があるときは、その立会いをもって相続財産の目録を作成し、又は公証人にこれを作成させなければならない。〔改正ナシ〕

改正後	改正前
（遺言執行者の権利義務）	（遺言執行者の権利義務）
第1012条　遺言執行者は、遺言の内容を実現するため、相続財産の管理そ	第1012条　遺言執行者は、相続財産の管理その他遺言の執行に必要な一切

の他遺言の執行に必要な一切の行為をする権利義務を有する。 <u>2　遺言執行者がある場合には、遺贈の履行は、遺言執行者のみが行うことができる。</u> 3　第644条から第647条まで及び第650条の規定は、遺言執行者について準用する。	の行為をする権利義務を有する。 （新設） 2　（同左）

　改正により、遺言執行者の権利義務について明確化が図られ、遺言執行者がある場合の遺贈の履行は、遺言執行者のみが行うことができる旨が定められました。

関連条文（民法）

（受任者の注意義務）
第644条　受任者は、委任の本旨に従い、善良な管理者の注意をもって、委任事務を処理する義務を負う。

（受任者による報告）
第645条　受任者は、委任者の請求があるときは、いつでも委任事務の処理の状況を報告し、委任が終了した後は、遅滞なくその経過及び結果を報告しなければならない。

（受任者による受取物の引渡し等）
第646条　受任者は、委任事務を処理するに当たって受け取った金銭その他の物を委任者に引き渡さなければならない。その収取した果実についても、同様とする。
2　受任者は、委任者のために自己の名で取得した権利を委任者に移転しなければならない。

（受任者の金銭の消費についての責任）
第647条　受任者は、委任者に引き渡すべき金額又はその利益のために用いるべき金額を自己のために消費したときは、その消費した日以後の利息を支払わなければならない。この場合において、なお損害があるときは、その賠償の責任を負う。

（受任者による費用等の償還請求等）
第650条　受任者は、委任事務を処理するのに必要と認められる費用を支出したときは、委任者に対し、その費用及び支出の日以後におけるその利息の償還を請求することができる。
2　受任者は、委任事務を処理するのに必要と認められる債務を負担したときは、委任者に対し、自己に代わってその弁済をすることを請求することができる。この場合において、その債務が弁済期にないときは、委任者に対し、相当の担保を供させることができる。
3　受任者は、委任事務を処理するため自己に過失なく損害を受けたときは、委任者に対し、その賠償を請求することができる。

Q3　遺言執行者の解任・辞任

遺言執行者の解任、また辞任について教えてください。

A3

遺言執行者がその任務を怠ったときその他正当な事由があるときは、利害関係人はその解任を家庭裁判所に請求することができるとされています（民法1019①）。

また、遺言執行者は正当な事由があるときは家庭裁判所の許可を得て辞任することができます（同法1019②）。

解説

民法〔改正ナシ〕

（遺言執行者の解任及び辞任）
第1019条　遺言執行者がその任務を怠ったときその他正当な事由があるときは、利害関係人は、その解任を家庭裁判所に請求することができる。
2　遺言執行者は、正当な事由があるときは、家庭裁判所の許可を得て、その任務を辞することができる。

Q4 遺言執行者の任務の開始（改正民法1007条）

遺言執行者の任務の開始について、どのような改正が行われたのでしょうか。

A4

民法1007条2項が新設され、遺言執行者が任務を開始したときは、遅滞なく、遺言の内容を相続人に通知しなければならない旨が明確化されました。

解説

改正により、民法の条文に1007条2項が追加されました（p.134 Q1参照）。これは改正前の民法の規定の不足を補うものであると考えられます。この改正により、遺言執行者が就職を承諾したときは、実務上は、まず、「就職の承諾」をした旨の意思表示を行い、その上で、条文に従って、任務を開始したときは、遅滞なく遺言の内容を相続人に通知する必要があります。

遺言執行者は、相続財産の管理のほか、遺言の執行に必要な一切の行為をする権利義務を有しますが、相続財産のリストを作成して相続人に交付しなければなりませんので、相続人と密接に連絡をとることが要求されることになります。

Q5 遺言の執行の妨害行為の禁止（改正民法1013条）

遺言の執行の妨害行為の禁止について、どのような改正が行われたのですか。

A5

遺言の執行の妨害行為の禁止について規定した民法1013条に2項・3項が追加され、1項の規定に違反してした行為の効力については原則として無効とされ、また、相続債権者等の権利行使についての規定が定め

られました。

解説

遺言執行者がいる場合には、相続人は遺言の対象となった相続財産について、処分その他遺言の執行を妨げるべき行為をすることができません（民法1013①）。

民法		
	改正後	改正前
	（遺言の執行の妨害行為の禁止） 第1013条　遺言執行者がある場合には、相続人は、相続財産の処分その他遺言の執行を妨げるべき行為をすることができない。	（遺言の執行の妨害行為の禁止） 第1013条（同左）
	2　前項の規定に違反してした行為は、無効とする。ただし、これをもって善意の第三者に対抗することができない。	（新設）
	3　前2項の規定は、相続人の債権者（相続債権者を含む。）が相続財産についてその権利を行使することを妨げない。	（新設）

相続人が遺言執行者に無断で行った処分行為は無効であると解されています（最高裁昭和62年4月23日判決）。そうすると、相続人から相続財産の譲渡を受けようとする第三者は、契約の締結に先立って、遺言執行者の有無や遺言執行の状況（遺言執行が当該資産について完了しているのかどうか等）を調査する必要がありますが、第三者がその実態を完全に調査することはほとんど不可能です。

そこで、今回の改正により、この最高裁判決を踏まえて、1項の規定に違反してした行為は無効であるとしつつ、取引の安全性を確保するために、善意の第三者に対抗することができないこととして、均衡が図られたのです（改

正民法1013②)。また、同じ理由により、1項及び2項の規定にかかわらず、「相続人の債権者」と「被相続人の債権者」は、相続財産についてその権利を行使すること（債権者として弁済を求めること）ができるとされました（同法1013③)（遺言執行の妨害行為の効果についてはp.173参照）。

Q6 特定財産に関する遺言の執行（改正民法1014条）

特定財産に関する遺言の執行について、どのような改正が行われたのですか。

A6

特定財産に関する遺言の執行について規定した民法1014条に2項・3項・4項が追加されました。2項では、特定財産承継遺言がある場合の遺言執行者の対抗要件具備行為について、3項では、特定財産が預貯金債権である場合の払戻し請求等の権限について新たに規定しています。

解説

今回の改正で、特定財産承継遺言（遺産の分割の方法の指定として遺産に属する特定の財産を共同相続人の一人又は数人に承継させる旨の遺言）がされた場合の、遺言執行者の権限について規律が設けられました。

民法908条では、「遺産の分割の方法の指定及び遺産の分割の禁止」について、「被相続人は、遺言で、遺産の分割の方法を定め、若しくはこれを定めることを第三者に委託し、又は相続開始の時から5年を超えない期間を定めて、遺産の分割を禁ずることができる。」と定められています。この前段部分が、「遺産の分割の方法の指定」（例えば、「長男Aには土地Xを承継させる。」等の遺言内容）であり、その指定のあった遺言が、今回創設された同法1014条2項の「遺産に属する特定の財産を共同相続人の一人又は数人に承継させる旨の遺言」（特定財産承継遺言）となります。

その「特定財産承継遺言」があったときは、遺言執行者は、当該共同相続

人が同法899条の2第1項^(注)（今改正により新設、P.166参照）に規定する対抗要件を備えるために必要な行為をすることができます。

　概ね判例法理を法文化したものと考えられます。なお、同法1014条2項は一般原則ですが、3項に預貯金債権の規定があるため、2項は主に動産、債権（預貯金債権を除きます。）及び不動産等に係る遺言執行者の対抗要件具備行為について規定したものとなります。

　また、3項により、遺言執行者に預貯金の払戻しをする権限があることが明確化されました。ただし、解約の申入れについては、その預貯金債権の全部が特定財産承継遺言の目的である場合に限られるとされています。

　（注）　この規定は、「相続による権利の承継は、遺産の分割によるものかどうかにかかわらず、民法900条（法定相続分）及び901条（代襲相続人の相続分）の規定により算定した相続分を超える部分については、登記、登録その他の対抗要件を備えなければ、第三者に対抗することができない。」（表現を一部変更）というものです。

改正民法

（特定財産に関する遺言の執行）

第1014条　前3条の規定は、遺言が相続財産のうち特定の財産に関する場合には、その財産についてのみ適用する。　　　　　　　　　〔改正ナシ〕

2　遺産の分割の方法の指定として遺産に属する特定の財産を共同相続人の一人又は数人に承継させる旨の遺言（以下「特定財産承継遺言」という。）があったときは、遺言執行者は、当該共同相続人が第899条の2第1項に規定する対抗要件を備えるために必要な行為をすることができる。　〔新設〕

3　前項の財産が預貯金債権である場合には、遺言執行者は、同項に規定する行為のほか、その預金又は貯金の払戻しの請求及びその預金又は貯金に係る契約の解約の申入れをすることができる。ただし、解約の申入れについては、その預貯金債権の全部が特定財産承継遺言の目的である場合に限る。〔新設〕

4　前2項の規定にかかわらず、被相続人が遺言で別段の意思を表示したときは、その意思に従う。　　　　　　　　　　　　　　　　　〔新設〕

Q7 遺言執行者の行為の効果（改正民法1015条）

遺言執行者の地位について、これまでは「遺言執行者は、相続人の代理人とみなす」とされていましたが、どのように見直されたのでしょうか。

A7

条文において、「遺言執行者の地位」（改正前）を「遺言執行者の行為の効果」（改正後）に改め、「遺言執行者がその権限内において遺言執行者であることを示してした行為は、相続人に対して直接にその効力を生ずる」とされました。

解説

改正により、民法1015条の「遺言執行者の地位」の規定は全文が削除され、新たに同条に「遺言執行者の行為の効果」が新設され、「遺言執行者がその権限内において遺言執行者であることを示してした行為は、相続人に対して直接にその効力を生ずる。」として、遺言執行者の行為の効果が明確化されました。

また、前述のとおり、同法1012条1項に「遺言の内容を実現するため」と文言が追加され、同条2項に「遺言執行者がある場合には、遺贈の履行は、遺言執行者のみが行うことができる。」ことが新設されており、遺言執行者の法的地位は、これらの改正により明確化が図られました。

民法	改正後	改正前
	（遺言執行者の行為の効果） 第1015条　遺言執行者がその権限内において遺言執行者であることを示してした行為は、相続人に対して直接にその効力を生ずる。	（遺言執行者の地位） 第1015条　遺言執行者は、相続人の代理人とみなす。

Q8 遺言執行者の復任権（改正民法1016条）

遺言執行者の復任権について、どのような改正が行われたのですか。

A8

遺言者がその遺言により遺言の執行を第三者に任務を行わせることを禁止した場合を除き、遺言執行者は、第三者にその任務を行わせることができることとなりました。その上で、第三者に任務を行わせることについてやむを得ない事由があるときは、遺言執行者に、相続人に対して選任及び監督についての責任のみを負わせることとしました（民法105条参照）。

解説

改正前の復任権の規定は、遺言執行者の復任権を制限する特別規定です。遺言執行者は、「やむを得ない事由がある場合」と「遺言によってあらかじめ復任権が許されている場合」にのみ、第三者に任務を行わせることができました。そして、その場合には、遺言執行者は、相続人に対して選任と監督の義務を負うことになります。

しかし、次のような理由から、遺言執行者の復任権については、「やむを得ない事由」がなくても、原則として可能とする必要があり、かつ、現実的であると考えられます。

法律等の専門知識の必要性	遺言執行者の職務が広範囲に及ぶ場合や、専門性の高い法律問題を含むような場合には、遺言執行者が適切に任務を遂行することが困難になることが考えられます。 例えば、数代前から所有権移転登記がされていない不動産を想定すればよいでしょう。
相続人間の利害関係の存在	相続人が遺言執行者に選任された場合や、遺言執行者が受遺者になっている場合には、遺言執行者が一部又は全部の相続人と対立関係になることがあります。

> また、手続等に関する能力を有する相続人の一人が遺言執行者となることにより、相続人全員の利便性が高まることがあります（そのような事例も多くあります。）。
> しかし、利害関係が対立する場合は、弁護士等に依頼することが適切です。

　上記のような改正の必要性により、遺言者がその遺言により遺言の執行を第三者に任務を行わせることを禁止した場合を除き、遺言執行者は、第三者にその任務を行わせることができることとなりました。
　その上で、第三者に任務を行わせることについてやむを得ない事由があるときは、遺言執行者に、相続人に対して選任及び監督についての責任のみを負わせることとしました。

民法

改正後	改正前
（遺言執行者の復任権） 第1016条　遺言執行者は、自己の責任で第三者にその任務を行わせることができる。ただし、遺言者がその遺言に別段の意思を表示したときは、その意思に従う。 2　前項本文の場合において、第三者に任務を行わせることについてやむを得ない事由があるときは、遺言執行者は、相続人に対してその選任及び監督についての責任のみを負う。	（遺言執行者の復任権） 第1016条　遺言執行者は、やむを得ない事由がなければ、第三者にその任務を行わせることができない。ただし、遺言者がその遺言に反対の意思を表示したときは、この限りでない。 2　遺言執行者が前項ただし書の規定により第三者にその任務を行わせる場合には、相続人に対して、第105条に規定する責任を負う。

関連条文（民法）

（任意代理人による復代理人の選任）
第104条　委任による代理人は、本人の許諾を得たとき、又はやむを得ない事由があるときでなければ、復代理人を選任することができない。

（復代理人を選任した代理人の責任）
第105条　代理人は、前条の規定により復代理人を選任したときは、その選任及び監督について、本人に対してその責任を負う。
2　代理人は、本人の指名に従って復代理人を選任したときは、前項の責任を負わない。ただし、その代理人が、復代理人が不適任又は不誠実であることを知りながら、その旨を本人に通知し又は復代理人を解任することを怠ったときは、この限りでない。

第4章 遺留分制度の見直し

1 遺留分減殺請求権の効力及び法的性質の見直し

> **改正の概要**（改正民法1046条1項関係）
> 　遺留分減殺請求権の行使によって当然に物権的効果が生ずるとされていた規律が見直され、遺留分に関する権利の行使によって遺留分侵害額に相当する金銭債権が生ずることとなりました。
> 施行日：公布の日（2018年7月13日）から起算して1年を超えない範囲
> 　　　　内において政令で定める日

Q1　遺留分制度の概要

遺留分制度について、概要を教えてください。

A1

　遺留分とは、兄弟姉妹以外の相続人が民法で保障されている最低限度の相続財産の額のことをいいます。被相続人の相続財産のうち、兄弟姉妹以外の相続人に留保されている持分的利益であると考えることができます。

解説

　被相続人は、遺言により自己の財産を自由に処分することができます。これを「財産処分の自由の原則」といいます。しかし、相続財産の承継は、相続人の生活を保障する側面もあります。
　そこで、これらを調整するための措置として遺留分制度が設けられ、被相続人の相続財産（改正により「遺留分を算定するための財産の価額」とされています。）の一定割合を一定の範囲の相続人に留保することを可能としています。

例えば、遺言により、財産のすべてを第三者に遺贈するとしていても、共同相続人は、遺留分の範囲において、相続財産を取得することができます。

Q2 遺留分の帰属と割合

遺留分が認められている者と、その割合を教えてください。

A2

遺留分は、兄弟姉妹を除く法定相続人に認められています。具体的には、配偶者、子（又はその代襲相続人）、直系尊属（親、祖父母など）が該当します。遺留分として認められている割合は、下記のとおりです。

兄弟姉妹以外の相続人の区分	遺留分を算定するための財産の価額に乗ずる割合
直系尊属のみが相続人である場合	3分の1
上記以外の場合	2分の1

解説

改正民法

（遺留分の帰属及びその割合）
第1042条　兄弟姉妹以外の相続人は、遺留分として、次条第1項に規定する遺留分を算定するための財産の価額に、次の各号に掲げる区分に応じてそれぞれ当該各号に定める割合を乗じた額を受ける。
　一　直系尊属のみが相続人である場合　3分の1
　二　前号に掲げる場合以外の場合　2分の1　　　　　　　　〔一部改正〕
2　相続人が数人ある場合には、前項各号に定める割合は、これらに第900条及び第901条の規定により算定したその各自の相続分を乗じた割合とする。
〔新設〕

「遺留分の帰属及びその割合」の規定については、改正前の「被相続人の財

産」を「遺留分を算定するための財産の価額」に変更した上で条文が整理され、遺留分の割合と法定相続割合の関係も示されました。

相続人の組み合わせ	相続財産に占める遺留分の割合	各人の遺留分 (法定相続分割合で配分)	
配偶者と子	1/2	配偶者:1/4	子:1/4
配偶者と直系尊属	1/2	配偶者:2/6	直系尊属:1/6
配偶者と兄弟姉妹	1/2	配偶者:1/2	兄弟姉妹:なし
配偶者のみ	1/2	配偶者:1/2	
子のみ	1/2	子:1/2	
直系尊属のみ	1/3	直系尊属:1/3	
兄弟姉妹のみ	なし	兄弟姉妹:なし	

Q3 遺留分減殺請求権の効力及び法的性質の見直し

遺留分の減殺請求権について、どのような点で見直しの必要があったのでしょうか。

A3

改正前の制度では、遺留分減殺請求権は物権的効果をもつものとされており、請求権者には金銭的解決の選択権が与えられていません。そのため、減殺請求の結果、遺贈又は贈与の目的財産が受遺者又は受贈者と遺留分権利者との共有になり、新たな紛争を生じさせる原因の一つとなっていました。

解説

遺留分については、次のような問題が指摘されていました。
① 制度の内容がわかりにくく複雑になっていること
② 遺留分制度の趣旨・目的が妥当する場面が減少していること

③　具体的な貢献が考慮されないこと
④　相続に関する紛争を一回的に解決することができないこと
⑤　事業承継の障害となり得ること　等

　例えば、遺贈によって自宅を取得した配偶者や、事業用の財産を取得した事業の承継者は、他の相続人から遺留分減殺請求権を行使されることにより、その者と財産を共有することになり、複雑な共有関係が生じます。

　また、被相続人が特定の相続人に事業を承継させるため、株式や店舗等の事業用の財産をその者に相続させる旨の遺言をしても、遺留分減殺請求権の行使により株式や事業用の財産が他の相続人との共有となり、結果的に、円滑な事業承継の障害となる場合もありました。

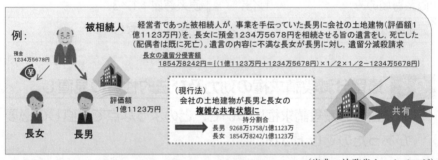

(出典：法務省ホームページ)

Q4　改正前後の遺留分制度の民法上の位置づけ

　今回の改正により、遺留分制度の民法上の位置づけはどのように変わったのでしょうか。

A4

　遺留分について規定していた改正前の民法1028条～1044条は、削除・改正（一部又は全部）・新設により、同法1042条～1049条に変更されました。

解説

改正前後の条文の構成を比較すると、下記のようになります。

改正後	改正前
第1042条（遺留分の帰属及びその割合）	第1028条（遺留分の帰属及びその割合）
第1043条（遺留分を算定するための財産の価額）	第1029条（遺留分の算定）
第1044条	
（削る）	第1030条
（削る）	第1031条（遺贈又は贈与の減殺請求）
（削る）	第1032条（条件付権利等の贈与又は遺贈の一部の減殺）
（削る）	第1033条（贈与と遺贈の減殺の順序）
（削る）	第1034条（遺贈の減殺の割合）
（削る）	第1035条（贈与の減殺の順序）
（削る）	第1036条（受贈者による果実の返還）
（削る）	第1037条（受贈者の無資力による損失の負担）
（削る）	第1038条（負担付贈与の減殺請求）
（削る）	第1039条（不相当な対価による有償行為）
第1045条	（新設）
第1046条（遺留分侵害額の請求）	（新設）
第1047条（受遺者又は受贈者の負担額）	（新設）
（削る）	第1040条（受贈者が贈与の目的を譲渡した場合等）
（削る）	第1041条（遺留分権利者に対する価額による弁償）
第1048条（遺留分侵害額請求権の期間の制限）	第1042条（減殺請求権の期間の制限）
第1049条（遺留分の放棄）	第1043条（遺留分の放棄）
（削る）	第1044条（代襲相続及び相続分の規定の準用）

Q5 金銭的請求権の規定の創設（改正民法1046条1項）

改正前の物権的請求権を原則とする遺留分減殺請求権について、どのような改正が行われたのですか。

A5

物権的請求権を原則とする改正前の民法1040条及び1041条の規定が削除され、金銭的請求権を原則とする遺留分侵害請求権について規定する同法1046条が新設されました。

解 説

遺留分侵害額の請求の原則を金銭的請求に変更するため、下記の改正が行われました。

① 物的請求権の規定の削除（改正前の民法1040、1041）

民法〔改正前〕

（受贈者が贈与の目的を譲渡した場合等）
第1040条　減殺を受けるべき受贈者が贈与の目的を他人に譲り渡したときは、遺留分権利者にその価額を弁償しなければならない。ただし、譲受人が譲渡の時において遺留分権利者に損害を加えることを知っていたときは、遺留分権利者は、これに対しても減殺を請求することができる。
2　前項の規定は、受贈者が贈与の目的につき権利を設定した場合について準用する。
（遺留分権利者に対する価額による弁償）
第1041条　受贈者及び受遺者は、減殺を受けるべき限度において、贈与又は遺贈の目的の価額を遺留分権利者に弁償して返還の義務を免れることができる。
2　前項の規定は、前条第1項ただし書の場合について準用する。

② 金銭的請求権の規定の創設（改正民法1046）

改正民法〔新設〕

（遺留分侵害額の請求）
第1046条　遺留分権利者及びその承継人は、受遺者（特定財産承継遺言により財産を承継し又は相続分の指定を受けた相続人を含む。以下この章において同じ。）又は受贈者に対し、遺留分侵害額に相当する金銭の支払を請求することができる。
2　〔略〕

③ 遺留分侵害額請求権の期間の制限（同法1048）

改正民法〔一部改正〕

（遺留分侵害額請求権の期間の制限）
第1048条　遺留分侵害額の請求権は、遺留分権利者が、相続の開始及び遺留分を侵害する贈与又は遺贈があったことを知った時から1年間行使しないときは、時効によって消滅する。相続開始の時から10年を経過したときも、同様とする。

④ 受遺者等が無資力の場合（同法1047④）

改正民法〔新設〕

第1047条
4　受遺者又は受贈者の無資力によって生じた損失は、遺留分権利者の負担に帰する。

⑤ 受遺者又は受贈者の請求による金銭債務の支払いに係る期限の許与（同法1047⑤）

改正民法〔新設〕

第1047条
5　裁判所は、受遺者又は受贈者の請求により、第1項の規定により負担する債務の全部又は一部の支払につき相当の期限を許与することができる。

2 遺留分を算定するための財産の見直し

改正の概要（改正民法1044条関係）

遺留分を算定するための財産の価額は、被相続人が相続開始の時において有した財産の価額にその贈与した財産の価額を加えた額から債務の全額を控除した額です。

今回の改正により、相続人以外の者に対する贈与は、相続開始前の1年間にされたものに限られ、また、相続人に対する贈与については、相続開始前の10年間にされたものに限られることが条文上、明らかにされました。

施行日：公布の日（2018年7月13日）から起算して1年を超えない範囲内において政令で定める日

Q1 遺留分を算定するための財産の価額の計算方法

遺留分を算定するための財産の価額の計算はどのように行うのですか。

A1

被相続人が相続開始時の財産の価額に贈与した財産の価額を加え、債務の全額を控除して計算します。

解説

遺産の額は、下記の計算式により計算します（改正民法1043）。

被相続人が相続開始の時において有した財産の価額 ＋ 贈与した財産の価額 － 相続財産中の債務の全額 ＝ 遺産の額

なお、改正前後で計算方法は変わっていませんが、「贈与した財産の価額」の範囲について、見直しが行われました（p.157 Q3参照）。

> **改正民法〔一部改正〕**
>
> （遺留分を算定するための財産の価額）
> 第1043条　遺留分を算定するための財産の価額は、被相続人が相続開始の時において有した財産の価額にその贈与した財産の価額を加えた額から債務の全額を控除した額とする。

Q2　生前贈与の範囲の見直し

生前贈与の範囲について、どのような問題点があったのでしょうか。

A2

改正前は、民法の規定にかかわらず、最高裁平成10年3月24日判決に基づき、相続人に対する贈与はすべて財産の価額に持戻しをすることとなっていました。

解説

改正前の民法では、遺留分算定の基礎となる財産に含める生前贈与については、「相続開始前の1年間にしたものに限り」その価額を算入（いわゆる持戻し）するものと規定されていました。

> **民法〔改正前〕**
>
> 第1030条　贈与は、相続開始前の1年間にしたものに限り、前条の規定によりその価額を算入する。当事者双方が遺留分権利者に損害を加えることを知って贈与をしたときは、1年前の日より前にしたものについても、同様とする。

実務においては、この条文について、最高裁平成10年3月24日判決を基礎として、次のような解釈が行われていました。

受贈者の区分		財産の価額に算入する範囲
相続人以外の者に対する贈与	通常の場合（下記以外）	改正前の民法1030条のとおり、「相続開始前の1年間にしたものに限り」その価額を算入する。
	損害を加える意図を知って贈与した場合	その時期を問わず、原則としてその全てを遺留分算定の基礎となる財産の価額に算入する。
相続人に対する贈与		

　まず、民法の条文からは、上記のように読み取ることは不可能といえます。

　最高裁判決によると、受贈者が相続人である場合には、改正前の民法1030条が規定する「相続開始前の1年間にしたものに限り」の適用がなく、相続人に対する生前贈与については時期的な限定が設けられていないことになります。学者からも実務家からも、この考え方には問題があるとの指摘がありました。

　次に、上記のような考え方によると、被相続人が相続開始時の何十年も前にした相続人に対する贈与の存在によって、第三者である受遺者又は受贈者が受ける減殺の範囲が大きく変わることになります。

　そして、第三者である受遺者又は受贈者は、相続人に対する古い贈与の存在を知り得ないのが通常であるため、第三者である受遺者又は受贈者に不測の損害を与え、その法的安定性を害するおそれがありました。

〔参考〕

（最高裁平成10年3月24日判決）
　民法903条1項の定める相続人に対する贈与は、右贈与が相続開始よりも相当以前にされたものであって、その後の時の経過に伴う社会経済事情や相続人など関係人の個人的事情の変化をも考慮するとき、減殺請求を認めることが右相続人に酷であるなどの特段の事情のない限り、民法1030条の定める要件を満たさないものであっても、遺留

分減殺の対象となるものと解するのが相当である。

なお、判決中の民法903条1項は、今回の改正により、他の条文の改正に伴う所要の改正はありましたが、実質的には改正後も同じです。

Q3 相続人に対する生前贈与の範囲に関する規律（改正民法1044条）

遺留分を算定するために加算する生前贈与の範囲はどのように変わったのですか。

A3

生前贈与の範囲について、「相続人に対する贈与」が相続開始前の10年間にしたものに限られることとなりました。

解説

今回の改正により、原則として、遺留分を算定するための財産の価額に算入する贈与は、相続人以外の者に対する贈与は、相続開始前の1年間にされたものに限り、また、相続人に対する贈与については、相続開始前の10年間にされたものに限ることが明文化されています。

改正民法

第1044条　贈与は、相続開始前の1年間にしたものに限り、前条の規定によりその価額を算入する。当事者双方が遺留分権利者に損害を加えることを知って贈与をしたときは、1年前の日より前にしたものについても、同様とする。〔条文番号の変更のみ〕

2　第904条の規定は、前項に規定する贈与の価額について準用する。〔新設〕

3　相続人に対する贈与についての第1項の規定の適用については、同項中「1年」とあるのは「10年」と、「価額」とあるのは「価額（婚姻若しくは養子縁組のため又は生計の資本として受けた贈与の価額に限る。）」とする。〔新設〕

> **関連条文（民法）**
>
> （特別受益者の相続分）
> 第903条　共同相続人中に、被相続人から、遺贈を受け、又は婚姻若しくは養子縁組のため若しくは生計の資本として贈与を受けた者があるときは、被相続人が相続開始の時において有した財産の価額にその贈与の価額を加えたものを相続財産とみなし、第900条から第902条までの規定により算定した相続分の中からその遺贈又は贈与の価額を控除した残額をもってその者の相続分とする。
> 2～4　（略）　　　　　　　　　　　　　　　　　　　　　〔一部改正〕
> 第904条　前条に規定する贈与の価額は、受贈者の行為によって、その目的である財産が滅失し、又はその価格の増減があったときであっても、相続開始の時においてなお原状のままであるものとみなしてこれを定める。
> 　　　　　　　　　　　　　　　　　　　　　　　　　　　〔改正ナシ〕

　この改正により、遺留分算定のための財産の価額に算入する生前贈与の範囲について、次のようにまとめることができます。

受贈者の区分		財産の価額に算入する範囲
原則（下記以外）	相続人以外の者に対する贈与（改正民法1044①本文）	「相続開始前の1年間にしたものに限り」その価額を算入する。
	相続人に対する贈与（同条③）	「相続開始前の10年間にしたものに限り」その価額を算入する。
損害を加える意図を知って贈与した場合（同条①ただし書）		その時期を問わず原則としてその全てを遺留分算定の基礎となる財産の価額に算入する。

　相続人に対する贈与については「相続開始前の10年間にしたものに限り」その価額を算入することとされ、10年前の日より前の贈与については遺留分侵害額の請求のリスクから解放されました。また、算入する価額についても、「婚姻若しくは養子縁組のため又は生計の資本として受けた贈与の価額に限る」とされました。実務界からも歓迎される改正でしょう。

Q4 遺留分侵害額の請求（改正民法1046条2項）

遺留分侵害額の請求について規定する民法1046条が新設されましたが、遺留分侵害額はどのように算定すればよいのでしょうか。

A4

遺産分割の対象となる財産がある場合に関して、民法1046条2項で遺留分侵害額の算定の手順を定めています。

解説

遺産分割の対象となる財産がある場合に関して、次の規律が設けられました（1項については、p.152 1 Q5参照）。

改正民法〔新設〕

（遺留分侵害額の請求）
第1046条 〔略〕
2　遺留分侵害額は、第1042条の規定による遺留分から第一号及び第二号に掲げる額を控除し、これに第三号に掲げる額を加算して算定する。
　一　遺留分権利者が受けた遺贈又は第903条第1項に規定する贈与の価額
　二　第900条から第902条まで、第903条及び第904条の規定により算定した相続分に応じて遺留分権利者が取得すべき遺産の価額
　三　被相続人が相続開始の時において有した債務のうち、第899条の規定により遺留分権利者が承継する債務（次条第3項において「遺留分権利者承継債務」という。）の額

遺産分割の対象財産がある場合（既に遺産分割が終了している場合も含みます。）には、遺留分侵害額の算定をするに当たり、次の手順によります。

まず、「遺留分を算定するための財産の価額」を改正民法1043条から1045条までの規定に基づき算定します。

次に、「遺留分の帰属及びその割合」(同法1042) を適用することにより「遺留分」を算定します。

その「遺留分」から、「遺留分権利者が受けた特別受益の価額」(同法1046②一) と「相続分に応じて遺留分権利者が取得すべき遺産の価額」(同法1046②二) を控除し、「遺留分権利者が承継する相続債務の額」(同法1046②三) を加算します。

〔計算式〕

遺留分＝【遺留分を算定するための財産の価額】(同法1043〜1045)
　　　　×【民法1042条1項各号に掲げる遺留分率】(同法1042①)
　　　　×【遺留分権利者の法定相続分】(同法1042②)

遺留分侵害額＝【遺留分】
　　　　　　－【遺留分権利者が受けた特別受益の価額】
　　　　　　－【遺産分割の対象財産がある場合[注1]には具体的相続分に応じて取得すべき遺産の価額】[注2]
　　　　　　＋【遺留分権利者が承継する相続債務の額】[注3]

(注1) 既に遺産分割が終了している場合も含みます。
(注2) 寄与分による修正は考慮しません。
(注3) 「各共同相続人は、その相続分に応じて被相続人の権利義務を承継する。」(同法899) の規定によります。

Q5 受遺者又は受贈者の負担額（改正民法1047条）

受遺者又は受贈者の負担額については、どのような見直しが行われたのでしょうか。。

A5

受遺者又は受贈者の遺留分侵害額に対する負担額について、負担の順

序等が明確化されました。

[解説]

(1) 負担の順序

受遺者又は受贈者の負担額について、改正前の規定（改正前の民法1033～1035）が次のように改められました（改正民法1047）。改正前の規定では読み取ることができない解釈も新条文には盛り込まれています。

> 改正民法〔新設〕
>
> （受遺者又は受贈者の負担額）
> 第1047条　受遺者又は受贈者は、次の各号の定めるところに従い、遺贈（特定財産承継遺言による財産の承継又は相続分の指定による遺産の取得を含む。以下この章において同じ。）又は贈与（遺留分を算定するための財産の価額に算入されるものに限る。以下この章において同じ。）の目的の価額（受遺者又は受贈者が相続人である場合にあっては、当該価額から第1042条の規定による遺留分として当該相続人が受けるべき額を控除した額）を限度として、遺留分侵害額を負担する。
> 一　受遺者と受贈者とがあるときは、受遺者が先に負担する。
> 二　受遺者が複数あるとき、又は受贈者が複数ある場合においてその贈与が同時にされたものであるときは、受遺者又は受贈者がその目的の価額の割合に応じて負担する。ただし、遺言者がその遺言に別段の意思を表示したときは、その意思に従う。
> 三　受贈者が複数あるとき（前号に規定する場合を除く。）は、後の贈与に係る受贈者から順次前の贈与に係る受贈者が負担する。
> 2　第904条、第1043条第2項及び第1045条の規定は、前項に規定する遺贈又は贈与の目的の価額について準用する。
> 3～5　［略］

受遺者又は受贈者は、次の①から③までの規律に従い、遺贈(注1)又は贈与(注2)の目的の価額(注3)を限度として、遺留分侵害額を負担します（改正民法1047①）。利益を受けた時期が遅い（相続時に近い）者が先に負担すること

になります。
- (注1) 特定財産承継遺言による財産の承継又は相続分の指定による遺産の取得を含みます。
- (注2) 遺留分を算定するための財産の価額に算入されるものに限ります。
- (注3) 受遺者又は受贈者が相続人である場合にあっては、当該価額から遺留分として当該相続人が受けるべき額を控除した額をいいます。

① 受遺者と受贈者の優先劣後

受遺者	遺言により利益を受ける者 (遺贈は贈与よりも時期的に遅い)	受遺者が先に負担する。
受贈者	贈与により利益を受ける者 (贈与は遺贈よりも時期的に早い)	

② 同時に利益を受けた場合

受遺者が複数あるとき(当然に同時)	上記①を前提としつつ、受遺者又は受贈者がその目的の価額の割合に応じて負担する(注)。
受贈者が複数ある場合においてその贈与が同時にされたものであるとき	

(注) ただし、遺言者がその遺言に別段の意思を表示したときは、その意思に従います。

③ 受贈者が複数あり同時でない場合

受贈者が複数あり、上記②に該当しない場合(受贈の時期に前後がある場合)	後の贈与に係る受贈者から順に負担し、最も早い時期の贈与者が最後に負担する。

(2) 債務の取扱い

　受遺者又は受贈者が被相続人から承継した事業に係る債務が存在する場合や、その事業用資産(土地・建物等)に担保が付されている場合において、遺留分権利者が負担する相続債務を受遺者又は受贈者が債権者に対して弁済することがあります。

　その場合には、遺留分権利者が遺留分侵害額について受遺者又は受贈者に

金銭債権を請求する一方で、受遺者又は受贈者は、遺留分権利者に対して債務弁済に係る求償権を行使することになります。しかし、改正により、その手続を省略して、「受遺者又は受贈者が債権者に対して負担した債務」（の範囲を限度とします。）について、「受遺者又は受贈者が遺留分権利者に対して負担する遺留分侵害額」を減額することが可能となりました。

債務の取扱いについて新設された条文は、以下のとおりです。

改正民法〔新設〕

（受遺者又は受贈者の負担額）
第1047条
3　前条第1項の請求を受けた受遺者又は受贈者は、遺留分権利者承継債務について弁済その他の債務を消滅させる行為をしたときは、消滅した債務の額の限度において、遺留分権利者に対する意思表示によって第1項の規定により負担する債務を消滅させることができる。この場合において、当該行為によって遺留分権利者に対して取得した求償権は、消滅した当該債務の額の限度において消滅する。

第5章 相続の効力等に関する見直し

1 権利の承継等

> **改正の概要（改正民法899条の2関係）**
> ① 対抗要件に係る原則的な規律
> 　相続させる旨の遺言により承継された財産について、登記等の対抗要件なくして第三者に対抗することができるとされている現行の規律（司法判断によります。）を見直し、条文の創設により、法定相続分を超える部分については、登記等の対抗要件を備えなければ、第三者に対抗することができないこととされました。
> ② 債権の場合の対抗要件
> 　その承継に係る権利が債権である場合には、法定相続分を超えて債権を承継した共同相続人が、遺言の内容等を明らかにして債務者にその承継の通知をしたときは、共同相続人の全員が債務者に通知をしたものとみなして、第三者に対抗することができるとされました。
> 施行日：公布の日（2018年7月13日）から起算して1年を超えない範囲
> 　　　　内において政令で定める日

Q1 共同相続に関する見直し

今回の見直しで、共同相続について、「相続人の権利の承継」と「第三者保護（取引の安全確保）」の関係が明確にされたそうですが、どのような点で見直しがあったのでしょうか。

A1

この見直しは判例を明文化し、また、その一部を変更することにより、取引の安全を保護するために行われたものです。

解説

法定相続分を超える部分についての第三者対抗要件が統一的に規律されました。

○改正前

遺言の内容を知り得ない相続債権者等の利益を害する

（例）相続・遺贈により，長男が被相続人所有の不動産を取得することとされた場合

被相続人　←￥1000万　相続債権者

不動産の登記は被相続人名義のままだから，相続債務の回収のため，次男が相続した法定相続分での差押をしよう。

長男　① 法定相続分を超える処分　次男　② 法定相続分での差押え

①の処分の類型	遺産分割	遺贈	相続させる旨の遺言（注）
①と②の優劣	登記の先後	登記の先後	常に①が優先

上記の結論は，
・遺言の有無及び内容を知り得ない相続債権者・債務者等の利益を害する
・登記制度や強制執行制度の信頼を害するおそれがある。

（注）相続させる旨の遺言による権利の承継は，登記なくして第三者に対抗することができる（判例）

○改正後

改正後の規律

相続させる旨の遺言についても，**法定相続分を超える部分については**，登記等の対抗要件を具備しなければ，債務者・第三者に対抗することができない。

改正後の①と②の優劣

①の処分の類型	遺産分割	遺贈	相続させる旨の遺言
①と②の優劣	登記の先後	登記の先後	登記の先後

遺言の有無及び内容を知り得ない相続債権者・債務者等の利益や第三者の取引の安全を確保※登記制度や強制執行制度の信頼を確保することにもつながる

（出典：法務省ホームページ）

Q2 共同相続における権利の承継の対抗要件（改正民法899条の2）

共同相続における相続人の権利の承継について、新たに条文が新設されたそうですが、その概要について教えてください。

A2

新設された民法899条の2は、相続による権利の承継について、原則的な場合と債権の場合に区分しますが、実務上は、「債権以外の権利」と「債権」の区分と理解することになります。土地などの債権以外の権利の場合、法定相続分を超える部分については、「登記、登録その他の対抗要件を備えなければ、第三者に対抗することができない。」と規定されました。また、債権の場合は、法定相続分を超えて債権を承継した共同相続人が、「債務者にその承継の通知をしたときは、共同相続人の全員が債務者に通知をしたものとみなし…」、第三者に対抗することができます。

解説

改正民法〔新設〕

（共同相続における権利の承継の対抗要件）
第899条の2　相続による権利の承継は、遺産の分割によるものかどうかにかかわらず、次条及び第901条の規定により算定した相続分を超える部分については、登記、登録その他の対抗要件を備えなければ、第三者に対抗することができない。
2　前項の権利が債権である場合において、次条及び第901条の規定により算定した相続分を超えて当該債権を承継した共同相続人が当該債権に係る遺言の内容（遺産の分割により当該債権を承継した場合にあっては、当該債権に係る遺産の分割の内容）を明らかにして債務者にその承継の通知をしたときは、共同相続人の全員が債務者に通知をしたものとみなして、同項の規定を適用する。

Q3 債権以外の権利

相続により承継する権利が債権以外の場合について教えてください。

A3

債権以外の権利については、改正民法899条の2第1項に規定されています。

具体的には、不動産・動産等であり、法定相続分を超える部分と、法定相続分以下の部分で第三者に対する対抗要件が異なります。

解説

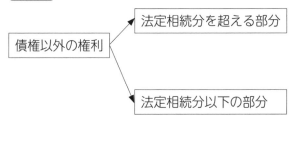

上記の「登記、登録その他の対抗要件」とあるのは、例えば、不動産であれば、法務局で登記を行い、特許権や商標権などの知的財産権については、特許庁で登録することになります。

今改正により、法定相続分を超える部分については、遺言の有無や遺産の分割の前後を問わず、登記、登録その他の対抗要件を備えなければ、第三者に対抗することができないことになりますが、法定相続分以下の部分については、登記、登録その他の対抗要件を備えなくても、第三者に対抗することができることになります。

Q4 債権

相続により承継する権利が債権の場合について教えてください。

A4

債権については、改正民法899条の2第2項にあるように、債務者にその承継を通知することで、共同相続人の全員が債務者に通知をしたものとみなされ、その上で、同条1項の規定より、第三者に対抗することができることになります。

解説

相続により承継する権利が債権である場合に、法定相続分を超えて債権を承継した共同相続人が、その債権に係る遺言の内容を明らかにして債務者にその承継の通知をしたときは、共同相続人の全員が債務者に通知をしたものとみなし、第三者に対抗することができます。

なお、法定相続分以下の部分については、通知をすることなく、第三者に対抗することができます。

通知する内容については、同法899条の2第2項に、「遺産の分割により当該債権を承継した場合にあっては、当該債権に係る遺産の分割の内容」と定められています。

ただし、遺言書等の原本を交付すると、他の手続に支障が生ずることも考えられることから、客観的に遺言等の有無やその内容を判断できるような方法であれば、通知は足りるとされています。

具体的には、受益相続人が遺言の原本を提示し、債務者の求めに応じて債権の承継の記載部分について写しを交付する方法等が考えられます。

なお、通知の具体的な方法については、民法467条に基づいて、「確定日付のある証書」によって行われる必要があります。

2　義務の承継等

> **改正の概要（改正民法902条の2関係）**
> 　遺言により相続分の指定がされた場合においても、被相続人の債権者は、原則として、各共同相続人に対して、その法定相続分に従った権利を行使することができる旨、明文化されました。
> 施行日：公布の日（2018年7月13日）から起算して1年を超えない範囲
> 　　　　内において政令で定める日

Q1　相続による債務の承継に関する見直し

　相続による債務の承継について、どのような点で見直しの必要があったのでしょうか。

A1

　司法上、相続債務については法定相続割合で承継するものとされていますが、条文上、読み取ることができない内容であることから、この内容を明文化する必要があり、見直されることになりました。

解説

　法定相続割合は、原則として、民法900条（法定相続分）及び901条（代襲相続人の相続分）が規定する割合によりますが、民法は902条において「遺言による相続分の指定」の規定を設けています。

改正前後の民法

（遺言による相続分の指定）
第902条　被相続人は、前2条の規定にかかわらず、遺言で、共同相続人の相続分を定め、又はこれを定めることを第三者に委託することができる。ただし、被相続人又は第三者は、遺留分に関する規定に違反することができない。

> 〔改正によりただし書き削除〕
> 2 被相続人が、共同相続人中の一人若しくは数人の相続分のみを定め、又はこれを第三者に定めさせたときは、他の共同相続人の相続分は、前2条の規定により定める。〔改正ナシ〕

 なお、今回の改正により、ただし書が削除されていますが、この箇所の解説に直接の影響はありません。

 改正前の民法においては、900条及び901条の規定にかかわらず、遺言で共同相続人の相続分を定めることが認められています。これらの規定からは、遺言で相続分の指定がされた場合には、被相続人の財産のみならず債務についても同じ割合で承継すると読むことも可能でした。

 しかし、最高裁平成21年3月24日判決は次のように、相続債務については、法定相続割合で承継するものと判示しています。

> 上記遺言による相続債務についての相続分の指定は、相続債務の債権者（以下「相続債権者」という。）の関与なくされたものであるから、相続債権者に対してはその効力が及ばないものと解するのが相当であり、各相続人は、相続債権者から法定相続分に従った相続債務の履行を求められたときには、これに応じなければならないが、指定相続分に応じて相続債務を承継したことを主張することはできないが、相続債権者の方から相続債務についての相続分の指定の効力を承認し、各相続人に対し、指定相続分に応じた相続債務の履行を請求することは妨げられないというべきである。

 つまり、判例では、相続債権者は法定相続分で各共同相続人に対して権利行使をすることができるとされているものの、改正前の民法からは、読み取ることができませんでした。

 そこで、今改正により、民法902条の2が新設され、遺言により相続分の指定がされた場合においても、被相続人の債権者は、各共同相続人に対して、その法定相続分に従って権利を行使できることが明文化されました。

 ただし、その債権者が共同相続人の一人に対してその指定された相続分に

応じた債務の承継を承認したときは、この限りではありません。

```
改正民法〔新設〕
（相続分の指定がある場合の債権者の権利の行使）
第902条の2　被相続人が相続開始の時において有した債務の債権者は、前条の規定による相続分の指定がされた場合であっても、各共同相続人に対し、第900条及び第901条の規定により算定した相続分に応じてその権利を行使することができる。ただし、その債権者が共同相続人の一人に対してその指定された相続分に応じた債務の承継を承認したときは、この限りでない。
```

Q2　事例による解説

遺言による相続分の指定がある場合について、今回の改正により、明文化された内容を事例により説明してください。

A2

下記の事例のように、遺言により相続分の指定がある場合でも、被相続人の債権者は、法定相続分の割合で請求することができます。ただし、債権者が承認をした場合には、指定相続分に応じた請求をすることもできます。

```
事例
被相続人：A
相続人：子B、子C
被相続人の債権者：D
遺言による相続分の指定：子B　2/3、子C　1/3
```

解説

このような遺言による相続分の指定があった場合でも、被相続人の債権者

であるDは、相続人BとCに対して、原則として、法定相続分である2分の1ずつを請求することができます。

　ただし、被相続人の債権者であるDが、指定された相続分に応じた債務の承継を承認した場合には、債権者Dは相続人Bに対しては債権の3分の2を、相続人Cに対しては債権の3分の1をそれぞれ請求することができます。

3 遺言執行の妨害行為の効果

改正の概要（改正民法1013条関係）

遺言執行者が行う遺言内容を実現するための手続や、相続財産の処分等を妨げるべき行為は禁止されています。

この点については、改正前と変わりはありませんが、妨げるべき行為については、原則として無効であることを条文上で明らかにしつつ、その上で、善意の第三者には対抗できないとして、取引の安全性が図られました。

また、相続人の債権者と被相続人の債権者は、相続財産に差押え等の権利行使をすることができるとされました。

施行日：公布の日（2018年7月13日）から起算して1年を超えない範囲内において政令で定める日

Q1 遺言執行の妨害行為の効果に関する見直し

改正前の民法で禁止されている遺言執行を妨げる行為に関連して、見直しが行われた背景と内容を教えてください。

A1

改正前は、遺言の執行の妨害行為が条文上禁止されていましたが、その行為の効果が明示されていませんでした。また、善意の第三者や相続人の債権者等の保護規定がありませんでした。そこで、今回の見直しでは、遺言執行の妨害行為の効果と、善意の第三者等の保護についての規定が設けられました。

解説

遺言執行の妨害行為がされた場合の取扱いについては、民法1013条で、「遺言執行者がある場合には、相続人は、相続財産の処分その他遺言の執行を妨

げるべき行為をすることができない」とされ、相続人がこれに違反する行為をした場合の効果についても、判例は絶対無効であるとしています（大審院昭和5年6月16日判決）。

　まず、今回の改正により、この判例法理が民法上明らかにされました。次に、遺言の存否及び内容を知り得ない第三者に不測の損害を与え、取引の安全を害するおそれが指摘されたことから、遺言の執行を妨げるべき行為を絶対的に無効とするのではなく、原則としては無効であるとしつつも、善意の第三者には対抗できないとして取引の安全性が図られました。

　さらに、相続人による遺言執行の妨害行為があった場合であっても、相続人の債権者（相続債権者を含みます。）が相続財産についてその権利を行使することが妨げられないことが明示されました。

改正民法

（遺言の執行の妨害行為の禁止）
第1013条　遺言執行者がある場合には、相続人は、相続財産の処分その他遺言の執行を妨げるべき行為をすることができない。〔改正ナシ〕
2　前項の規定に違反してした行為は、無効とする。ただし、これをもって善意の第三者に対抗することができない。〔新設〕
3　前2項の規定は、相続人の債権者（相続債権者を含む。）が相続財産についてその権利を行使することを妨げない。〔新設〕

第6章 特別の寄与

> **改正の概要**（改正民法1050条関係）
> 相続人以外の親族が、被相続人の療養看護等の特別の寄与を行った場合には、相続開始後、一定の要件のもとで、相続人に対して金銭を請求することが可能になります。
> 施行日：公布の日（2018年7月13日）から起算して1年を超えない範囲内において政令で定める日

Q1 寄与分制度の概要

改正前の寄与分の制度について、概要を教えてください。

A1

改正前の寄与分制度は、遺産分割の際に相続人の貢献を考慮するための調整手段として設けられています。

しかしながら、被相続人の療養看護について、親族間の感情的問題や生活環境等の諸事情から、一部の相続人のみが療養看護を行うなど、貢献の程度に顕著な偏りがある場合が多いと言われていました。

解説

改正前の寄与分制度は、「被相続人の財産の維持又は増加」について特別の寄与があった場合に寄与分を認めることとしており、寄与分の額を定めるに当たっては各種事情を考慮すべきものとされ、基本的には、相続人の寄与を財産的に評価することを前提にしています。

しかし、改正前の寄与分は、相続人にのみ認められているため、例えば、相続人の妻が、夫の父である被相続人の療養看護に努めた場合でも、遺産分

割手続において、妻は相続人ではないので、寄与分を主張することはできず、また、他の方法でも財産の分配を請求することもできない点で、問題があるとされていました。

民法〔改正ナシ〕

（寄与分）
第904条の2　共同相続人中に、被相続人の事業に関する労務の提供又は財産上の給付、被相続人の療養看護その他の方法により被相続人の財産の維持又は増加について特別の寄与をした者があるときは、被相続人が相続開始の時において有した財産の価額から共同相続人の協議で定めたその者の寄与分を控除したものを相続財産とみなし、第900条から第902条までの規定により算定した相続分に寄与分を加えた額をもってその者の相続分とする。
2　前項の協議が調わないとき、又は協議をすることができないときは、家庭裁判所は、同項に規定する寄与をした者の請求により、寄与の時期、方法及び程度、相続財産の額その他一切の事情を考慮して、寄与分を定める。
3　寄与分は、被相続人が相続開始の時において有した財産の価額から遺贈の価額を控除した残額を超えることができない。
4　第2項の請求は、第907条第2項の規定による請求があった場合又は第910条に規定する場合にすることができる。

〔参考〕

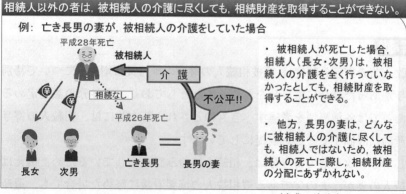

（出典：法務省ホームページ）

Q2 寄与の類型

寄与について具体的な内容を教えてください。

A2

一般的に、寄与は、「被相続人の財産の維持又は増加」に貢献する行為等が該当し、次のように分類できます。

解説

家業従事型…被相続人が事業を経営している場合に、相続人が労務を提供すること
金銭出資型…相続人が、被相続人の債務の弁済や資金援助を行うこと
財産管理型…相続人が被相続人の財産を管理すること
療養看護型…相続人が被相続人の療養看護を行うこと
扶養型………相続人が自己の扶養義務の範囲を超えて被相続人を扶養すること

Q3 寄与分が認められた事例

特別の寄与を請求できる者の範囲について具体的に教えてください。

A3

療養看護や家事従事に係る寄与について、裁判によって認められた事例がありますが、限定的といえます。

解説

(出典:法制審議会民法(相続関係)部会の参考資料より)

① 東京高裁平成22年9月13日決定
【判旨】被相続人Aは、相続人Bの妻であるCが嫁いで間もなく脳梗塞で倒れて入院し、付き添いに頼んだ家政婦がAの過大な要望に耐えられなかったため、Cは、少なくとも3か月間はAの入浴中の世話をし、その退院後は右半身不随となったAの通院の付き添い、入浴の介助など日常的な介護に当たり、更にAが死亡するまでの半年の間は、Aが毎日失禁する状態となったことから、その処理をするなどAの介護に多くの労力と時間を費やした。

Aが入院した期間のうち約2か月は家政婦にAの看護を依頼し、Aは、在宅期間中は入浴や食事を作ることを除けば、概ね独力で生活する機能を有していたことが認められるが、CによるAの入院期間中の看護、その死亡前約半年間の介護は、本来家政婦などを雇ってAの看護や介護に当たらせることを相当とする事情の下で行われたものであり、それ以外の期間についてもCによる入浴の世話や食事及び日常の細々とした介護が13年余りにわたる長期間にわたって継続して行われたものであるから、CによるAの介護は、同居の親族の扶養義務の範囲を超え、相続財産の維持に貢献した側面があると評価することが相当である。

CによるAの介護は、Bの履行補助者として相続財産の維持に貢献したものと評価でき、その貢献の程度を金銭に換算すると、200万円を下ることはないというべきであるから、この限度でBのこの点に関する寄与分の主張には理由がある。

② 東京家裁平成12年3月8日審判
【判旨】被相続人A（昭和61年12月死亡）は、昭和54年9月に脳梗塞で入院し、同年11月には退院したが、その際に左手左足に麻痺が残り、離床や就床、入浴等、起き上がりや立ち上がりの所作については人の介助（抱き起こし等）が必要で、歩行等の移動については物の支え又は人の介助に頼る状態となった。

特にAの退院後しばらくの間は、介助者も介助されるAも要介助状態に慣れていないことから、介助に一層体力を必要とするなど、全般に苦労があった。

その後はいくらかAの状態も改善され、一時は外出ができた時期もあったが、昭和61年夏頃以降、Aの体力はかなり低下して病臥することが多くなり、介助の必要性が高くなった。

ただし、Aの知的能力には最後まで特段の衰えはなく、食事は自力で可能であったし、排泄についても、トイレまでの移動や着座、起立に介助があれば、概ね自力で行うことが可能であった。
　Aの介助には、主としてAの妻Bが当たっていたが、相続人（Aの長男）Cの妻Dも折に触れてBと共に、あるいは単独で、Aの介助に当たった。
　また、Cの子であるEないしGも、成長するにつれて、空いた時間に入浴の手伝いをしたり、聴力の弱いBに代わって、深夜にトイレまで付き添いを行うことが多くなった。
　Bの年齢等を考慮すると、Aの介助を全面的にB一人で行えるものではなく、DないしGによる介助が、まったくの補助的労務でしかなかったとは認め難い。
　特に、退院当初の介助に不慣れな時期や、Bが年老いる一方でAの体調が悪化した晩年の頃には、介助の負担も相当重いものとなり、DないしGによる介助は、Aの日常生活の上で不可欠のものであったと考えられる。
　よって、これらDないしGによる介助行為は、Bの履行補助者的立場にある者の無償の寄与行為として、特別の寄与に当たるものと解する。
　上記の事実等を総合的に考慮して、Bの寄与分を金170万円と定める。

③　横浜家裁平成6年7月27日審判
【判旨】被相続人A（昭和51年5月死亡）は、大正4年9月にBと婚姻し、Bの父Cが大正7年7月に死亡したため、Bが家督相続により農地を相続し、AB夫婦は農業によって生活してきた。
　AB間の長男であるD（代襲相続人Eの父）は、昭和17年4月にFと婚姻し、DF夫婦とAらが農業に専従していたが、Bは昭和27年頃貸家を建てその家賃収入を得、Dは農閑期に工場で働くなどの副収入を得、Aらの生活費に充てた。
　昭和31年12月にBが死亡したため、それ以降、Dが中心となって農業経営を維持し、Bの遺産はAとDが相続し、Aの相続した物件が本件の遺産となった。
　Aは昭和41年頃脳溢血で倒れ、それ以降農作業はできなくなったところ、昭和43年8月にDが死亡し、農業の中心的担い手はE及びFとなった。
　遺産の固定資産税は、昭和31年から昭和43年まではDが、同年以降はEが負担した。
　以上の事実によれば、亡D、E及びFは、亡B及びAの家業である農業を維

持することによって農地などの遺産の維持に寄与したものと認められ、亡Dの代襲相続人であるEは、Aの相続人としての亡Dの地位を承継するのであるから、亡Dの寄与分あるいは、FがD及びEの履行補助者として寄与したことを承継ないし包含するものということができる。

そこで、Eの寄与分として、本件の遺産の評価額の50パーセントと認めるのが相当である。

④　神戸家裁豊岡支部平成4年12月28日審判
【判旨】被相続人A（昭和51年7月6日死亡）は、農業に従事していたが、昭和25年頃から、農作業はAの子であるBに任せ、花売りの行商に従事するようになった。

しかし、昭和44年頃、高血圧と心臓病が悪化したことから、花売りの行商をやめ、以後はBに扶養されていた。

昭和48年末頃からは、上記持病に老衰も加わって、寝たきりの状態となった。

近隣には入院できる病院はなく、また、Aも入院を嫌ったため、自宅療養し、Bの妻Cが専らその付添看護を行っていた。

Cは、Aの病状が進行した昭和49年3月頃からは、垂れ流しの大小便の世話のため、30分以上の外出をすることができなくなり、Aの発作の危険が増した昭和50年12月頃からは、昼夜、Aの側に付きっきりで看護した。

そのため、Cは、慢性的な睡眠不足となり、Aの死後、長期間の看病疲れから自律神経失調症を患ったほどであった。

以上のようなCのAに対する献身的看護は、親族間の通常の扶助の範囲を超えるものがあり、そのため、Aは、療養費の負担を免れ、遺産を維持することができたと考えられるから、遺産の維持に特別の寄与貢献があったものと評価するのが相当であるところ、上記看護は、Bの妻として、Bと協力し合い、Bの補助者または代行者としてなされたものであるから、遺産分割に当たっては、Bの寄与分として考慮すべきである。

上記寄与分の価格は、相続開始時において、120万円と評価するのが相当である（昭和49年3月以降概ね28か月として、死亡直前の6か月を月9万円程度、その余の22か月を月3万円程度が通常の扶助を超える部分の評価とした。）。

⑤ 東京高裁平成元年 12 月 28 日

【判旨】被相続人Aの長男Bが中学卒業後農業後継者として相続財産の増加・維持に寄与した事実及びCがBの配偶者として農業に従事し、B死亡後もAらと同居の上、Bの遺志を継いで農業後継者のために農業に従事して相続財産の維持に寄与した事実を、BC夫婦の子であるD及びE（Bの代襲相続人）の寄与分として認めることは寄与分制度の趣旨に反するものではないと解される。

そして、B及びCの寄与の期間、方法及び程度、相続財産の額、他の相続人の生活歴及び寄与の有無等記録に顕われた一切の事情を考慮すれば、B及びCの寄与に基づくD及びEの寄与分を相続財産額の半額と定めた原審判の判断が、原審判に許された裁量判断を超えて違法であると認めることはできない。

Q4 寄与分制度の見直し

相続人以外の親族は、被相続人の介護に尽くしても、相続財産を取得することができないという問題に対して、どのような見直しが行われたのでしょうか。

A4

いわゆる「長男の嫁」などが、被相続人の療養看護に努めた場合であっても、遺産分割手続における寄与分の主張ができず、救済されない問題について、法改正により新たに救済制度が設けられることになりました。

具体的には、相続人に対して金銭請求権を認めることによって、相続人以外の親族が行ってきた介護等の貢献に報いることができるようになり、実質的な面で衡平が図られることとなります。

解説

〔改正によるイメージ〕

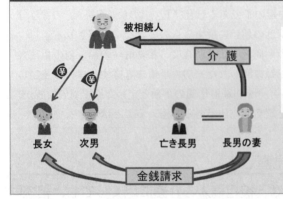

(出典:法務省ホームページ)

Q5 特別の寄与（改正民法1050条）

相続人以外の親族が被相続人の療養看護等を行った場合の寄与分について、条文においては、どのような改正が行われたのですか。

A5

特別の寄与について規定する、民法1050条が新設されました。これにより、相続人以外の親族が被相続人の療養看護等を行った場合には、相続開始後、一定の要件のもとで相続人に対して金銭請求をすることができることになります。

解説

民法上の位置付け

従前の「寄与分」とは異なる新たな「特別の寄与」のため、新たな章が設

けられ、そこに規定されています。

> 第5編　相続
> 　第1章　総則
> 　第2章　相続人
> 　第3章　相続の効力
> 　　第1節　総則
> 　　第2節　相続分〔第900条−第905条：第904条の2が寄与分〕
> 　　第3節　遺産の分割
> 　第4章　相続の承認及び放棄
> 　第5章　財産分離
> 　第6章　相続人の不存在
> 　第7章　遺言
> 　第8章　配偶者の居住の権利
> 　第9章　遺留分
> 　第10章　特別の寄与〔新設：第1050条〕

（注）「民法及び家事事件手続法の一部を改正する法律」の第1条関係の改正で「第9章　特別の寄与」についての規定が新たに設けられたうえで、第2条関係の改正で「第8章　配偶者の居住の権利」の規定が設けられ、特別の寄与についての規定が第9章から第10章に改められました。

改正民法〔新設〕

第1050条　被相続人に対して無償で療養看護その他の労務の提供をしたことにより被相続人の財産の維持又は増加について特別の寄与をした被相続人の親族（相続人、相続の放棄をした者及び第891条の規定に該当し又は廃除によってその相続権を失った者を除く。以下この条において「特別寄与者」という。）は、相続の開始後、相続人に対し、特別寄与者の寄与に応じた額の金銭（以下この条において「特別寄与料」という。）の支払を請求することができる。

2　前項の規定による特別寄与料の支払について、当事者間に協議が調わない

とき、又は協議をすることができないときは、特別寄与者は、家庭裁判所に対して協議に代わる処分を請求することができる。ただし、特別寄与者が相続の開始及び相続人を知った時から6箇月を経過したとき、又は相続開始の時から1年を経過したときは、この限りでない。
3　前項本文の場合には、家庭裁判所は、寄与の時期、方法及び程度、相続財産の額その他一切の事情を考慮して、特別寄与料の額を定める。
4　特別寄与料の額は、被相続人が相続開始の時において有した財産の価額から遺贈の価額を控除した残額を超えることができない。
5　相続人が数人ある場合には、各相続人は、特別寄与料の額に第900条から第902条までの規定により算定した当該相続人の相続分を乗じた額を負担する。

Q6 特別寄与者の権利行使

　相続が開始されて、特別寄与者が権利を行使する場合には、どうすればよいのでしょうか。

A6

　特別寄与者は、特別寄与者が相続の開始及び相続人を知った時から6か月を経過するとき又は相続開始の時から1年を経過するときまでに、特別寄与に係る請求を行うこととされています。

解説

　特別寄与者が、相続人に対して特別寄与に係る権利行使の意思を表示するときは、特別寄与料の支払いを請求することによって、行うこととなります。
　特別寄与者の請求に応じて、相続人との協議が調った場合には、相続人がその金額を負担することになりますが、相続人との協議が調わない場合や協議が不可能な場合には、家庭裁判所に対して協議に代わる処分を請求することになります。
　特別寄与者が家庭裁判所に対して協議に代わる処分を請求した場合には、

家庭裁判所は、寄与の時期、方法及び程度、相続財産の額等の事情を考慮して、特別寄与料の額を定めることとなります。

なお、特別寄与料の額は、被相続人が相続開始の時において有した財産の価額から遺贈の価額を控除した残額を超えることはできません。

Q7 実務への影響

改正により、新たに創設された特別の寄与は、実務にどのような影響がありますか。

A7

特別の寄与料の支払いが行われた場合の税務上の処理を検討する必要があります。

解説

所得税の枠組みで考えると、特別の寄与料に相当する金員の移動は、特別寄与者に対する事業所得、一時所得及び雑所得のいずれに該当するのかを検討することになりますが、前二者は現行の規定では該当しないものと考えられます。もっとも、雑所得となった場合は、その発生年と総収入金額に対応する必要経費の認定等の問題が生ずることになります。なお、債権の消滅の対価であると位置づけることが可能であれば、離婚の際の慰謝料債務の消滅と同様に、所得税の非課税とすることも可能ですが、課税上の弊害について検討しておく必要があります。

次に、現行の相続税法を当てはめると、まず、単純贈与となります。しかし、贈与税課税をすると、特別寄与者に対する税負担が過大となることもあり、妥当とはいえません。

また、特別の寄与料を支払う相続人にとって、相続税に影響させずに、単なる家事費とすることは、新たな負担増となることもあり、この制度の利用の障害になるおそれが懸念されます。他方、特別寄与者にとって、相続税の

非課税とすると、課税上の弊害が生じる可能性もあります。
　そこで、私見ですが、特別の寄与料を支払う相続人にとっては、積極財産の控除項目又は「みなし債務」(本来の債務ではないので、債務とみなすのです。)とし、支払いを受ける特別受益者にとっては、「みなし遺贈」(本来の遺贈ではないので、遺贈とみなすのです。)とすること等が考えられます。そして、受遺者と同様の立場で相続税申告に参加させ、2割加算(相続税法18①)の対象とするのが妥当な落ち着きどころではないでしょうか。

巻末資料

巻末資料1　民法及び家事事件手続法の一部を改正する法律 新旧対照条文　　　　　　　（下線部分は改正部分）

一　民法（明治29年法律第89号）（第1条関係）

改正後	改正前
目次 　第5編　（略） 　　第3章　（略） 　　　第1節　総則（第896条―<u>第899条の2</u>） 　　第7章　（略） 　　　第5節　遺言の撤回及び取消し（第1022条―<u>第1041条</u>） 　　<u>第8章　遺留分（第1042条―第1049条）</u> 　　<u>第9章　特別の寄与（第1050条）</u> 　　　　第1節　（略） （相続財産に関する費用） 第885条　（略） （削る） 第899条　（略） <u>（共同相続における権利の承継の対抗要件）</u> <u>第899条の2</u>　相続による権利の承継は、遺産の分割によるものかどうかにかかわらず、次条及び第901条の規定により算定した相続分を超える部分については、登記、登録その他の対抗要件を備えなければ、第三者に対抗することができない。 <u>2</u>　前項の権利が債権である場合において、次条及び第901条の規定により算定した相続分を超えて当該債権を承継した共同相続人が当該債権に係る遺言の内容（遺産の分割により当該債権を承継した場合にあっては、当該債権に係る遺産の分割の内容）を明らかにして債務者にその承継の通知をしたときは、共同相続人の全員が債務者に通知をしたものとみなして、同項の規定を適用する。	目次 　第5編　（同左） 　　第3章　（同左） 　　　第1節　総則（第896条―<u>第899条</u>） 　　第7章　（同左） 　　　第5節　遺言の撤回及び取消し（第1022条―<u>第1027条</u>） 　　第8章　遺留分（<u>第1028条―第1044条</u>） 　　（新設） 　　　　第1節　（同左） （相続財産に関する費用） 第885条　（同左） <u>2</u>　前項の費用は、遺留分権利者が贈与の減殺によって得た財産をもって支弁することを要しない。 第899条　（同左） （新設）

(遺言による相続分の指定)
第902条　被相続人は、前2条の規定にかかわらず、遺言で、共同相続人の相続分を定め、又はこれを定めることを第三者に委託することができる。

2　(略)

(相続分の指定がある場合の債権者の権利の行使)
第902条の2　被相続人が相続開始の時において有した債務の債権者は、前条の規定による相続分の指定がされた場合であっても、各共同相続人に対し、第900条及び第901条の規定により算定した相続分に応じてその権利を行使することができる。ただし、その債権者が共同相続人の一人に対してその指定された相続分に応じた債務の承継を承認したときは、この限りでない。

(特別受益者の相続分)
第903条　共同相続人中に、被相続人から、遺贈を受け、又は婚姻若しくは養子縁組のため若しくは生計の資本として贈与を受けた者があるときは、被相続人が相続開始の時において有した財産の価額にその贈与の価額を加えたものを相続財産とみなし、第900条から第902条までの規定により算定した相続分の中からその遺贈又は贈与の価額を控除した残額をもってその者の相続分とする。

2　(略)

3　被相続人が前2項の規定と異なった意思を表示したときは、その意思に従う。

4　婚姻期間が20年以上の夫婦の一方である被相続人が、他の一方に対し、その居住の用に供する建物又はその敷地について遺贈又は贈与をしたときは、当該被相続人は、その遺贈又は贈与について第1項の規定を適用しない

(遺言による相続分の指定)
第902条　被相続人は、前2条の規定にかかわらず、遺言で、共同相続人の相続分を定め、又はこれを定めることを第三者に委託することができる。ただし、被相続人又は第三者は、遺留分に関する規定に違反することができない。

2　(同左)

(新設)

(特別受益者の相続分)
第903条　共同相続人中に、被相続人から、遺贈を受け、又は婚姻若しくは養子縁組のため若しくは生計の資本として贈与を受けた者があるときは、被相続人が相続開始の時において有した財産の価額にその贈与の価額を加えたものを相続財産とみなし、前3条の規定により算定した相続分の中からその遺贈又は贈与の価額を控除した残額をもってその者の相続分とする。

2　(同左)

3　被相続人が前2項の規定と異なった意思を表示したときは、その意思表示は、遺留分に関する規定に違反しない範囲内で、その効力を有する。

(新設)

<u>旨の意思を表示したものと推定する。</u>	
（遺産の分割の基準）	（遺産の分割の基準）
第906条　（略）	第906条　（同左）
<u>（遺産の分割前に遺産に属する財産が処分された場合の遺産の範囲）</u>	
<u>第906条の2　遺産の分割前に遺産に属する財産が処分された場合であっても、共同相続人は、その全員の同意により、当該処分された財産が遺産の分割時に遺産として存在するものとみなすことができる。</u>	<u>（新設）</u>
<u>2　前項の規定にかかわらず、共同相続人の一人又は数人により同項の財産が処分されたときは、当該共同相続人については、同項の同意を得ることを要しない。</u>	
（遺産の分割の協議又は審判等）	（遺産の分割の協議又は審判等）
第907条　共同相続人は、次条の規定により被相続人が遺言で禁じた場合を除き、いつでも、その協議で、遺産の<u>全部又は一部の</u>分割をすることができる。	第907条　共同相続人は、次条の規定により被相続人が遺言で禁じた場合を除き、いつでも、その協議で、遺産の分割をすることができる。
2　遺産の分割について、共同相続人間に協議が調わないとき、又は協議をすることができないときは、各共同相続人は、その<u>全部又は一部の</u>分割を家庭裁判所に請求することができる。<u>ただし、遺産の一部を分割することにより他の共同相続人の利益を害するおそれがある場合におけるその一部の分割については、この限りでない。</u>	2　遺産の分割について、共同相続人間に協議が調わないとき、又は協議をすることができないときは、各共同相続人は、その分割を家庭裁判所に請求することができる。
3　<u>前項本文</u>の場合において特別の事由があるときは、家庭裁判所は、期間を定めて、遺産の全部又は一部について、その分割を禁ずることができる。	3　前項の場合において特別の事由があるときは、家庭裁判所は、期間を定めて、遺産の全部又は一部について、その分割を禁ずることができる。
第909条　（略）	第909条　（同左）
<u>（遺産の分割前における預貯金債権の行使）</u>	
<u>第909条の2　各共同相続人は、遺産に属する預貯金債権のうち相続開始の時の債権額の3分の1に第900条及び第901条の規定により算定した当該共同相続人の相続分を乗じた額（標準的な当面の必要生計費、平均的な葬式の費用の額その他の事情を勘案して預貯金債権の</u>	<u>（新設）</u>

新	旧
債務者ごとに法務省令で定める額を限度とする。）については、単独でその権利を行使することができる。この場合において、当該権利の行使をした預貯金債権については、当該共同相続人が遺産の一部の分割によりこれを取得したものとみなす。	
（包括遺贈及び特定遺贈） 第964条　遺言者は、包括又は特定の名義で、その財産の全部又は一部を処分することができる。	（包括遺贈及び特定遺贈） 第964条　遺言者は、包括又は特定の名義で、その財産の全部又は一部を処分することができる。ただし、遺留分に関する規定に違反することができない。
（自筆証書遺言） 第968条　自筆証書によって遺言をするには、遺言者が、その全文、日付及び氏名を自書し、これに印を押さなければならない。	（自筆証書遺言） 第968条　（同左）
2　前項の規定にかかわらず、自筆証書にこれと一体のものとして相続財産（第997条第1項に規定する場合における同項に規定する権利を含む。）の全部又は一部の目録を添付する場合には、その目録については、自書することを要しない。この場合において、遺言者は、その目録の毎葉（自書によらない記載がその両面にある場合にあっては、その両面）に署名し、印を押さなければならない。	（新設）
3　自筆証書（前項の目録を含む。）中の加除その他の変更は、遺言者が、その場所を指示し、これを変更した旨を付記して特にこれに署名し、かつ、その変更の場所に印を押さなければ、その効力を生じない。	2　自筆証書中の加除その他の変更は、遺言者が、その場所を指示し、これを変更した旨を付記して特にこれに署名し、かつ、その変更の場所に印を押さなければ、その効力を生じない。
（秘密証書遺言） 第970条　（略）	（秘密証書遺言） 第970条　（同左）
2　第968条第3項の規定は、秘密証書による遺言について準用する。	2　第968条第2項の規定は、秘密証書による遺言について準用する。
（普通の方式による遺言の規定の準用） 第982条　第968条第3項及び第973条から第975条までの規定は、第976条から前条までの規定による遺言について準用する。	（普通の方式による遺言の規定の準用） 第982条　第968条第2項及び第973条から第975条までの規定は、第976条から前条までの規定による遺言について準用する。
（遺贈義務者の引渡義務） 第998条　遺贈義務者は、遺贈の目的である物又	（不特定物の遺贈義務者の担保責任） 第998条　不特定物を遺贈の目的とした場合に

は権利を、相続開始の時（その後に当該物又は権利について遺贈の目的として特定した場合にあっては、その特定した時）の状態で引き渡し、又は移転する義務を負う。ただし、遺言者がその遺言に別段の意思を表示したときは、その意思に従う。	おいて、受遺者がこれにつき第三者から追奪を受けたときは、遺贈義務者は、これに対して、売主と同じく、担保の責任を負う。 2　不特定物を遺贈の目的とした場合において、物に瑕疵があったときは、遺贈義務者は、瑕疵のない物をもってこれに代えなければならない。 （第三者の権利の目的である財産の遺贈）
第1000条　削除	第1000条　遺贈の目的である物又は権利が遺言者の死亡の時において第三者の権利の目的であるときは、受遺者は、遺贈義務者に対しその権利を消滅させるべき旨を請求することができない。ただし、遺言者がその遺言に反対の意思を表示したときは、この限りでない。
（遺言執行者の任務の開始） 第1007条　（略） 2　遺言執行者は、その任務を開始したときは、遅滞なく、遺言の内容を相続人に通知しなければならない。	（遺言執行者の任務の開始） 第1007条　（同左） （新設）
（遺言執行者の権利義務） 第1012条　遺言執行者は、<u>遺言の内容を実現するため、</u>相続財産の管理その他遺言の執行に必要な一切の行為をする権利義務を有する。 2　<u>遺言執行者がある場合には、遺贈の履行は、遺言執行者のみが行うことができる。</u> 3　（略）	（遺言執行者の権利義務） 第1012条　遺言執行者は、相続財産の管理その他遺言の執行に必要な一切の行為をする権利義務を有する。 （新設） 2　（同左）
（遺言の執行の妨害行為の禁止） 第1013条　（略） 2　<u>前項の規定に違反してした行為は、無効とする。ただし、これをもって善意の第三者に対抗することができない。</u> 3　<u>前2項の規定は、相続人の債権者（相続債権者を含む。）が相続財産についてその権利を行使することを妨げない。</u>	（遺言の執行の妨害行為の禁止） 第1013条　（同左） （新設） （新設）
（特定財産に関する遺言の執行） 第1014条　（略） 2　遺産の分割の方法の指定として遺産に属する特定の財産を共同相続人の一人又は数人に承継させる旨の遺言（以下「特定財産承継遺	（特定財産に関する遺言の執行） 第1014条　（同左） （新設）

言」という。）があったときは、遺言執行者は、当該共同相続人が第899条の2第1項に規定する対抗要件を備えるために必要な行為をすることができる。
3　前項の財産が預貯金債権である場合には、遺言執行者は、同項に規定する行為のほか、その預金又は貯金の払戻しの請求及びその預金又は貯金に係る契約の解約の申入れをすることができる。ただし、解約の申入れについては、その預貯金債権の全部が特定財産承継遺言の目的である場合に限る。
4　前2項の規定にかかわらず、被相続人が遺言で別段の意思を表示したときは、その意思に従う。

（遺言執行者の行為の効果）
第1015条　遺言執行者がその権限内において遺言執行者であることを示してした行為は、相続人に対して直接にその効力を生ずる。

（遺言執行者の復任権）
第1016条　遺言執行者は、自己の責任で第三者にその任務を行わせることができる。ただし、遺言者がその遺言に別段の意思を表示したときは、その意思に従う。
2　前項本文の場合において、第三者に任務を行わせることについてやむを得ない事由があるときは、遺言執行者は、相続人に対してその選任及び監督についての責任のみを負う。

第5節　（略）
（撤回された遺言の効力）
第1025条　前3条の規定により撤回された遺言は、その撤回の行為が、撤回され、取り消され、又は効力を生じなくなるに至ったときであっても、その効力を回復しない。ただし、その行為が錯誤、詐欺又は強迫による場合は、この限りでない。
第1027条　（略）
第1028条から第1041条まで　削除

（新設）

（新設）

（遺言執行者の地位）
第1015条　遺言執行者は、相続人の代理人とみなす。

（遺言執行者の復任権）
第1016条　遺言執行者は、やむを得ない事由がなければ、第三者にその任務を行わせることができない。ただし、遺言者がその遺言に反対の意思を表示したときは、この限りでない。
2　遺言執行者が前項ただし書の規定により第三者にその任務を行わせる場合には、相続人に対して、第105条に規定する責任を負う。

第5節　（同左）
（撤回された遺言の効力）
第1025条　前3条の規定により撤回された遺言は、その撤回の行為が、撤回され、取り消され、又は効力を生じなくなるに至ったときであっても、その効力を回復しない。ただし、その行為が詐欺又は強迫による場合は、この限りでない。
第1027条　（同左）
（新設）

第8章　（略）
(遺留分の帰属及びその割合)
第1042条　兄弟姉妹以外の相続人は、遺留分として、<u>次条第1項に規定する遺留分を算定するための財産の価額に、次の各号に掲げる区分に応じてそれぞれ当該各号に定める割合を乗じた</u>額を受ける。
一　直系尊属のみが相続人である場合　3分の1
二　前号に掲げる場合以外の場合　2分の1
<u>2　相続人が数人ある場合には、前項各号に定める割合は、これらに第900条及び第901条の規定により算定したその各自の相続分を乗じた割合とする。</u>
(遺留分を算定するための財産の価額)
第1043条　遺留分を算定するための財産の価額は、被相続人が相続開始の時において有した財産の価額にその贈与した財産の価額を加えた額から債務の全額を<u>控除</u>した額とする。
2　（略）
第1044条　贈与は、相続開始前の1年間にしたものに限り、前条の規定によりその価額を算入する。当事者双方が遺留分権利者に損害を加えることを知って贈与をしたときは、1年前の日より前にしたものについても、同様とする。
<u>2　第904条の規定は、前項に規定する贈与の価額について準用する。</u>
<u>3　相続人に対する贈与についての第1項の規定の適用については、同項中「1年」とあるのは「10年」と、「価額」とあるのは「価額(婚姻若しくは養子縁組のため又は生計の資本として受けた贈与の価額に限る。)」とする。</u>

(削る)

第8章　（同左）
(遺留分の帰属及びその割合)
第1028条　兄弟姉妹以外の相続人は、遺留分として、次の各号に掲げる区分に応じてそれぞれ当該各号に定める割合に相当する額を受ける。
一　直系尊属のみが相続人である場合　被相続人の財産の3分の1
二　前号に掲げる場合以外の場合　被相続人の財産の2分の1
(新設)

(遺留分の算定)
第1029条　遺留分は、被相続人が相続開始の時において有した財産の価額にその贈与した財産の価額を加えた額から債務の全額を<u>控除</u>して、これを算定する。
2　（同左）
第1030条　贈与は、相続開始前の1年間にしたものに限り、前条の規定によりその価額を算入する。当事者双方が遺留分権利者に損害を加えることを知って贈与をしたときは、1年前の日より前にしたものについても、同様とする。
(新設)

(新設)

(遺贈又は贈与の減殺請求)
第1031条　遺留分権利者及びその承継人は、遺留分を保全するのに必要な限度で、遺贈及び前条に規定する贈与の減殺を請求することができる。

(削る)	(条件付権利等の贈与又は遺贈の一部の減殺) 第1032条　条件付きの権利又は存続期間の不確定な権利を贈与又は遺贈の目的とした場合において、その贈与又は遺贈の一部を減殺すべきときは、遺留分権利者は、第1029条第2項の規定により定めた価格に従い、直ちにその残部の価額を受贈者又は受遺者に給付しなければならない。
(削る)	(贈与と遺贈の減殺の順序) 第1033条　贈与は、遺贈を減殺した後でなければ、減殺することができない。
(削る)	(遺贈の減殺の割合) 第1034条　遺贈は、その目的の価額の割合に応じて減殺する。ただし、遺言者がその遺言に別段の意思を表示したときは、その意思に従う。
(削る)	(贈与の減殺の順序) 第1035条　贈与の減殺は、後の贈与から順次前の贈与に対してする。
(削る)	(受贈者による果実の返還) 第1036条　受贈者は、その返還すべき財産のほか、減殺の請求があった日以後の果実を返還しなければならない。
(削る)	(受贈者の無資力による損失の負担) 第1037条　減殺を受けるべき受贈者の無資力によって生じた損失は、遺留分権利者の負担に帰する。
(削る)	(負担付贈与の減殺請求) 第1038条　負担付贈与は、その目的の価額から負担の価額を控除したものについて、その減殺を請求することができる。
第1045条　負担付贈与がされた場合における第1043条第1項に規定する贈与した財産の価額は、その目的の価額から負担の価額を控除した額とする。 2　不相当な対価をもってした有償行為は、当事者双方が遺留分権利者に損害を与えることを知ってしたものに限り、<u>当該対価を負担の</u>	(不相当な対価による有償行為) 第1039条　(新設) 　不相当な対価をもってした有償行為は、当事者双方が遺留分権利者に損害を加えることを知ってしたものに限り、<u>これを贈与</u>とみな

価額とする負担付贈与とみなす。

（遺留分侵害額の請求）
第1046条　遺留分権利者及びその承継人は、受遺者（特定財産承継遺言により財産を承継し又は相続分の指定を受けた相続人を含む。以下この章において同じ。）又は受贈者に対し、遺留分侵害額に相当する金銭の支払を請求することができる。
2　遺留分侵害額は、第1042条の規定による遺留分から第１号及び第２号に掲げる額を控除し、これに第３号に掲げる額を加算して算定する。
　一　遺留分権利者が受けた遺贈又は第903条第１項に規定する贈与の価額
　二　第900条から第902条まで、第903条及び第904条の規定により算定した相続分に応じて遺留分権利者が取得すべき遺産の価額
　三　被相続人が相続開始の時において有した債務のうち、第899条の規定により遺留分権利者が承継する債務（次条第３項において「遺留分権利者承継債務」という。）の額

（受遺者又は受贈者の負担額）
第1047条　受遺者又は受贈者は、次の各号の定めるところに従い、遺贈（特定財産承継遺言による財産の承継又は相続分の指定による遺産の取得を含む。以下この章において同じ。）又は贈与（遺留分を算定するための財産の価額に算入されるものに限る。以下この章において同じ。）の目的の価額（受遺者又は受贈者が相続人である場合にあっては、当該価額から第1042条の規定による遺留分として当該相続人が受けるべき額を控除した額）を限度として、遺留分侵害額を負担する。
　一　受遺者と受贈者とがあるときは、受遺者が先に負担する。
　二　受遺者が複数あるとき、又は受贈者が複数ある場合においてその贈与が同時にされ

す。この場合において、遺留分権利者がその減殺を請求するときは、その対価を償還しなければならない。

（新設）

（新設）

たものであるときは、受遺者又は受贈者が
その目的の価額の割合に応じて負担する。
ただし、遺言者がその遺言に別段の意思を
表示したときは、その意思に従う。
三　受贈者が複数あるとき（前号に規定する
場合を除く。）は、後の贈与に係る受贈者か
ら順次前の贈与に係る受贈者が負担する。
2　第904条、第1043条第2項及び第1045条の規
定は、前項に規定する遺贈又は贈与の目的の
価額について準用する。
3　前条第1項の請求を受けた受遺者又は受贈
者は、遺留分権利者承継債務について弁済そ
の他の債務を消滅させる行為をしたときは、
消滅した債務の額の限度において、遺留分権
利者に対する意思表示によって第1項の規定
により負担する債務を消滅させることができ
る。この場合において、当該行為によって遺
留分権利者に対して取得した求償権は、消滅
した当該債務の額の限度において消滅する。
4　受遺者又は受贈者の無資力によって生じた
損失は、遺留分権利者の負担に帰する。
5　裁判所は、受遺者又は受贈者の請求により、
第1項の規定により負担する債務の全部又は
一部の支払につき相当の期限を許与すること
ができる。

（削る）

（削る）

（受贈者が贈与の目的を譲渡した場合等）
第1040条　減殺を受けるべき受贈者が贈与の目
的を他人に譲り渡したときは、遺留分権利者
にその価額を弁償しなければならない。ただ
し、譲受人が譲渡の時において遺留分権利者
に損害を加えることを知っていたときは、遺
留分権利者は、これに対しても減殺を請求す
ることができる。
2　前項の規定は、受贈者が贈与の目的につき
権利を設定した場合について準用する。
（遺留分権利者に対する価額による弁償）
第1041条　受贈者及び受遺者は、減殺を受ける
べき限度において、贈与又は遺贈の目的の価
額を遺留分権利者に弁償して返還の義務を免

(遺留分侵害額請求権の期間の制限)
第1048条　遺留分侵害額の請求権は、遺留分権利者が、相続の開始及び遺留分を侵害する贈与又は遺贈があったことを知った時から1年間行使しないときは、時効によって消滅する。相続開始の時から10年を経過したときも、同様とする。
(遺留分の放棄)
第1049条　(略)

(削る)

第9章　特別の寄与
第1050条　被相続人に対して無償で療養看護その他の労務の提供をしたことにより被相続人の財産の維持又は増加について特別の寄与をした被相続人の親族(相続人、相続の放棄をした者及び第891条の規定に該当し又は廃除によってその相続権を失った者を除く。以下この条において「特別寄与者」という。)は、相続の開始後、相続人に対し、特別寄与者の寄与に応じた額の金銭(以下この条において「特別寄与料」という。)の支払を請求することができる。
2　前項の規定による特別寄与料の支払について、当事者間に協議が調わないとき、又は協議をすることができないときは、特別寄与者は、家庭裁判所に対して協議に代わる処分を請求することができる。ただし、特別寄与者が相続の開始及び相続人を知った時から6箇月を経過したとき、又は相続開始の時から1年を経過したときは、この限りでない。
3　前項本文の場合には、家庭裁判所は、寄与の時期、方法及び程度、相続財産の額その他

れることができる。
2　前項の規定は、前条第1項ただし書の場合について準用する。
(減殺請求権の期間の制限)
第1042条　減殺の請求権は、遺留分権利者が、相続の開始及び減殺すべき贈与又は遺贈があったことを知った時から1年間行使しないときは、時効によって消滅する。相続開始の時から10年を経過したときも、同様とする。

(遺留分の放棄)
第1043条　(同左)
(代襲相続及び相続分の規定の準用)
第1044条　第887条第2項及び第3項、第900条、第901条、第903条並びに第904条の規定は、遺留分について準用する。

(新設)

改正後	改正前
一切の事情を考慮して、特別寄与料の額を定める。 4　特別寄与料の額は、被相続人が相続開始の時において有した財産の価額から遺贈の価額を控除した残額を超えることができない。 5　相続人が数人ある場合には、各相続人は、特別寄与料の額に第900条から第902条までの規定により算定した当該相続人の相続分を乗じた額を負担する。	

二　民法（第2条関係）

改正後	改正前
目次 　第5編　（略） 　　第7章　（略） 　　　第5節　遺言の撤回及び取消し（第1022条―第1027条） 　　第8章　配偶者の居住の権利 　　　第1節　配偶者居住権（第1028条―第1036条） 　　　第2節　配偶者短期居住権（第1037条―第1041条） 　　第9章　遺留分（第1042条―第1049条） 　　第10章　特別の寄与（第1050条） 　　第7章　（略） （削る） 　　第8章　配偶者の居住の権利 　　　第1節　配偶者居住権 （配偶者居住権） 第1028条　被相続人の配偶者（以下この章において単に「配偶者」という。）は、被相続人の財産に属した建物に相続開始の時に居住していた場合において、次の各号のいずれかに該当するときは、その居住していた建物（以下この節において「居住建物」という。）の全部について無償で使用及び収益をする権利（以	目次 　第5編　（同左） 　　第7章　（同左） 　　　第5節　遺言の撤回及び取消し（第1022条―第1041条） （新設） 　　第8章　遺留分（第1042条―第1049条） 　　第9章　特別の寄与（第1050条） 　　第7章　（同左） 第1028条から第1041条まで　削除 （新設）

下この章において「配偶者居住権」という。）を取得する。ただし、被相続人が相続開始の時に居住建物を配偶者以外の者と共有していた場合にあっては、この限りでない。
　一　遺産の分割によって配偶者居住権を取得するものとされたとき。
　二　配偶者居住権が遺贈の目的とされたとき。
２　居住建物が配偶者の財産に属することとなった場合であっても、他の者がその共有持分を有するときは、配偶者居住権は、消滅しない。
３　第903条第４項の規定は、配偶者居住権の遺贈について準用する。
（審判による配偶者居住権の取得）
第1029条　遺産の分割の請求を受けた家庭裁判所は、次に掲げる場合に限り、配偶者が配偶者居住権を取得する旨を定めることができる。
　一　共同相続人間に配偶者が配偶者居住権を取得することについて合意が成立しているとき。
　二　配偶者が家庭裁判所に対して配偶者居住権の取得を希望する旨を申し出た場合において、居住建物の所有者の受ける不利益の程度を考慮してもなお配偶者の生活を維持するために特に必要があると認めるとき（前号に掲げる場合を除く。）。
（配偶者居住権の存続期間）
第1030条　配偶者居住権の存続期間は、配偶者の終身の間とする。ただし、遺産の分割の協議若しくは遺言に別段の定めがあるとき、又は家庭裁判所が遺産の分割の審判において別段の定めをしたときは、その定めるところによる。
（配偶者居住権の登記等）
第1031条　居住建物の所有者は、配偶者（配偶者居住権を取得した配偶者に限る。以下この節において同じ。）に対し、配偶者居住権の設定の登記を備えさせる義務を負う。
２　第605条の規定は配偶者居住権について、第

605条の4の規定は配偶者居住権の設定の登記を備えた場合について準用する。
（配偶者による使用及び収益）
第1032条　配偶者は、従前の用法に従い、善良な管理者の注意をもって、居住建物の使用及び収益をしなければならない。ただし、従前居住の用に供していなかった部分について、これを居住の用に供することを妨げない。
2　配偶者居住権は、譲渡することができない。
3　配偶者は、居住建物の所有者の承諾を得なければ、居住建物の改築若しくは増築をし、又は第三者に居住建物の使用若しくは収益をさせることができない。
4　配偶者が第1項又は前項の規定に違反した場合において、居住建物の所有者が相当の期間を定めてその是正の催告をし、その期間内に是正がされないときは、居住建物の所有者は、当該配偶者に対する意思表示によって配偶者居住権を消滅させることができる。
（居住建物の修繕等）
第1033条　配偶者は、居住建物の使用及び収益に必要な修繕をすることができる。
2　居住建物の修繕が必要である場合において、配偶者が相当の期間内に必要な修繕をしないときは、居住建物の所有者は、その修繕をすることができる。
3　居住建物が修繕を要するとき（第1項の規定により配偶者が自らその修繕をするときを除く。）、又は居住建物について権利を主張する者があるときは、配偶者は、居住建物の所有者に対し、遅滞なくその旨を通知しなければならない。ただし、居住建物の所有者が既にこれを知っているときは、この限りでない。
（居住建物の費用の負担）
第1034条　配偶者は、居住建物の通常の必要費を負担する。
2　第583条第2項の規定は、前項の通常の必要費以外の費用について準用する。

（居住建物の返還等）
第1035条　配偶者は、配偶者居住権が消滅したときは、居住建物の返還をしなければならない。ただし、配偶者が居住建物について共有持分を有する場合は、居住建物の所有者は、配偶者居住権が消滅したことを理由としては、居住建物の返還を求めることができない。
2　第599条第１項及び第２項並びに第621条の規定は、前項本文の規定により配偶者が相続の開始後に附属させた物がある居住建物又は相続の開始後に生じた損傷がある居住建物の返還をする場合について準用する。
（使用貸借及び賃貸借の規定の準用）
第1036条　第597条第１項及び第３項、第600条、第613条並びに第616条の２の規定は、配偶者居住権について準用する。

第２節　配偶者短期居住権
（配偶者短期居住権）
第1037条　配偶者は、被相続人の財産に属した建物に相続開始の時に無償で居住していた場合には、次の各号に掲げる区分に応じてそれぞれ当該各号に定める日までの間、その居住していた建物（以下この節において「居住建物」という。）の所有権を相続又は遺贈により取得した者（以下この節において「居住建物取得者」という。）に対し、居住建物について無償で使用する権利（居住建物の一部のみを無償で使用していた場合にあっては、その部分について無償で使用する権利。以下この節において「配偶者短期居住権」という。）を有する。ただし、配偶者が、相続開始の時において居住建物に係る配偶者居住権を取得したとき、又は第891条の規定に該当し若しくは廃除によってその相続権を失ったときは、この限りでない。
一　居住建物について配偶者を含む共同相続人間で遺産の分割をすべき場合　遺産の分割により居住建物の帰属が確定した日又は

相続開始の時から6箇月を経過する日のいずれか遅い日
二　前号に掲げる場合以外の場合　第3項の申入れの日から6箇月を経過する日
2　前項本文の場合においては、居住建物取得者は、第三者に対する居住建物の譲渡その他の方法により配偶者の居住建物の使用を妨げてはならない。
3　居住建物取得者は、第1項第1号に掲げる場合を除くほか、いつでも配偶者短期居住権の消滅の申入れをすることができる。

（配偶者による使用）
第1038条　配偶者（配偶者短期居住権を有する配偶者に限る。以下この節において同じ。）は、従前の用法に従い、善良な管理者の注意をもって、居住建物の使用をしなければならない。
2　配偶者は、居住建物取得者の承諾を得なければ、第三者に居住建物の使用をさせることができない。
3　配偶者が前2項の規定に違反したときは、居住建物取得者は、当該配偶者に対する意思表示によって配偶者短期居住権を消滅させることができる。

（配偶者居住権の取得による配偶者短期居住権の消滅）
第1039条　配偶者が居住建物に係る配偶者居住権を取得したときは、配偶者短期居住権は、消滅する。

（居住建物の返還等）
第1040条　配偶者は、前条に規定する場合を除き、配偶者短期居住権が消滅したときは、居住建物の返還をしなければならない。ただし、配偶者が居住建物について共有持分を有する場合は、居住建物取得者は、配偶者短期居住権が消滅したことを理由としては、居住建物の返還を求めることができない。
2　第599条第1項及び第2項並びに第621条の規定は、前項本文の規定により配偶者が相続

改正後	改正前
の開始後に附属させた物がある居住建物又は相続の開始後に生じた損傷がある居住建物の返還をする場合について準用する。 （使用貸借等の規定の準用） 第1041条　第597条第3項、第600条、第616条の2、第1032条第2項、第1033条及び第1034条の規定は、配偶者短期居住権について準用する。 　　　第9章　（略） 　　　第10章　（略）	 　　　第8章　（同左） 　　　第9章　（同左）

三　家事事件手続法（平成23年法律第52号）

改正後	改正前
目次 　第2編　（略） 　　第2章　（略） 　　　第18節　遺留分に関する審判事件（第216条） 　　　第18節の2　特別の寄与に関する審判事件（第216条の2―第216条の5）	目次 　第2編　（同左） 　　第2章　（同左） 　　　第18節　遺留分に関する審判事件（第216条） 　　　（新設）
（相続に関する審判事件の管轄権） 第3条の11　裁判所は、相続に関する審判事件（別表第1の86の項から110の項まで及び133の項並びに別表第2の11の項から15の項までの事項についての審判事件をいう。）について、相続開始の時における被相続人の住所が日本国内にあるとき、住所がない場合又は住所が知れない場合には相続開始の時における被相続人の居所が日本国内にあるとき、居所がない場合又は居所が知れない場合には被相続人が相続開始の前に日本国内に住所を有していたとき（日本国内に最後に住所を有していた後に外国に住所を有していたときを除く。）は、管轄権を有する。 2・3　（略）	（相続に関する審判事件の管轄権） 第3条の11　裁判所は、相続に関する審判事件（別表第1の86の項から110の項まで及び133の項並びに別表第2の11の項から14の項までの事項についての審判事件をいう。）について、相続開始の時における被相続人の住所が日本国内にあるとき、住所がない場合又は住所が知れない場合には相続開始の時における被相続人の居所が日本国内にあるとき、居所がない場合又は居所が知れない場合には被相続人が相続開始の前に日本国内に住所を有していたとき（日本国内に最後に住所を有していた後に外国に住所を有していたときを除く。）は、管轄権を有する。 2・3　（同左）

4　当事者は、合意により、いずれの国の裁判所に遺産の分割に関する審判事件（別表第2の12の項から14の項までの事項についての審判事件をいう。第3条の14及び第191条第1項において同じ。）及び特別の寄与に関する処分の審判事件（同表の15の項の事項についての審判事件をいう。第3条の14及び第216条の2において同じ。）の申立てをすることができるかについて定めることができる。 5　（略） （特別の事情による申立ての却下） 第3条の14　裁判所は、第3条の2から前条までに規定する事件について日本の裁判所が管轄権を有することとなる場合（遺産の分割に関する審判事件又は特別の寄与に関する処分の審判事件について、日本の裁判所にのみ申立てをすることができる旨の合意に基づき申立てがされた場合を除く。）においても、事案の性質、申立人以外の事件の関係人の負担の程度、証拠の所在地、未成年者である子の利益その他の事情を考慮して、日本の裁判所が審理及び裁判をすることが適正かつ迅速な審理の実現を妨げ、又は相手方がある事件について申立人と相手方との間の衡平を害することとなる特別の事情があると認めるときは、その申立ての全部又は一部を却下することができる。 （遺産の分割の審判事件を本案とする保全処分） 第200条　家庭裁判所（第105条第2項の場合にあっては、高等裁判所。次項及び第3項において同じ。）は、遺産の分割の審判又は調停の申立てがあった場合において、財産の管理のため必要があるときは、申立てにより又は職権で、担保を立てさせないで、遺産の分割の申立てについての審判が効力を生ずるまでの間、財産の管理者を選任し、又は事件の関係人に対し、財産の管理に関する事項を指示することができる。 2　（略）	4　当事者は、合意により、いずれの国の裁判所に遺産の分割に関する審判事件（別表第2の12の項から14の項までの事項についての審判事件をいう。第3条の14及び第191条第1項において同じ。）の申立てをすることができるかについて定めることができる。 5　（同左） （特別の事情による申立ての却下） 第3条の14　裁判所は、第3条の2から前条までに規定する事件について日本の裁判所が管轄権を有することとなる場合（遺産の分割に関する審判事件について、日本の裁判所にのみ申立てをすることができる旨の合意に基づき申立てがされた場合を除く。）においても、事案の性質、申立人以外の事件の関係人の負担の程度、証拠の所在地、未成年者である子の利益その他の事情を考慮して、日本の裁判所が審理及び裁判をすることが適正かつ迅速な審理の実現を妨げ、又は相手方がある事件について申立人と相手方との間の衡平を害することとなる特別の事情があると認めるときは、その申立ての全部又は一部を却下することができる。 （遺産の分割の審判事件を本案とする保全処分） 第200条　家庭裁判所（第105条第2項の場合にあっては、高等裁判所。次項において同じ。）は、遺産の分割の審判又は調停の申立てがあった場合において、財産の管理のため必要があるときは、申立てにより又は職権で、担保を立てさせないで、遺産の分割の申立てについての審判が効力を生ずるまでの間、財産の管理者を選任し、又は事件の関係人に対し、財産の管理に関する事項を指示することができる。 2　（同左）

3　前項に規定するもののほか、家庭裁判所は、遺産の分割の審判又は調停の申立てがあった場合において、相続財産に属する債務の弁済、相続人の生活費の支弁その他の事情により遺産に属する預貯金債権（民法第466条の5第1項に規定する預貯金債権をいう。以下この項において同じ。）を当該申立てをした者又は相手方が行使する必要があると認めるときは、その申立てにより、遺産に属する特定の預貯金債権の全部又は一部をその者に仮に取得させることができる。ただし、他の共同相続人の利益を害するときは、この限りでない。	（新設）
4　（略）	

（遺言執行者の解任の審判事件を本案とする保全処分）

第215条　家庭裁判所（第105条第2項の場合にあっては、高等裁判所。第3項及び第4項において同じ。）は、遺言執行者の解任の申立てがあった場合において、<u>遺言の内容の実現のため必要があるときは、当該申立てをした者</u>の申立てにより、遺言執行者の解任の申立てについての審判が効力を生ずるまでの間、遺言執行者の職務の執行を停止し、又はその職務代行者を選任することができる。	第215条　家庭裁判所（第105条第2項の場合にあっては、高等裁判所。第3項及び第4項において同じ。）は、遺言執行者の解任の申立てがあった場合において、相続人の利益のため必要があるときは、当該申立てをした者の申立てにより、遺言執行者の解任の申立てについての審判が効力を生ずるまでの間、遺言執行者の職務の執行を停止し、又はその職務代行者を選任することができる。
2～4　（略）	2～4　（同左）

第18節　（略）　　　　　　　　　　　　第18節　（同左）

第216条　次の各号に掲げる審判事件は、当該各号に定める地を管轄する家庭裁判所の管轄に属する。 　一　遺留分を算定するための財産の価額を定める場合における鑑定人の選任の審判事件（別表第1の109の項の事項についての審判事件をいう。）　相続が開始した地 　二　（略） 2　（略）	第216条　次の各号に掲げる審判事件は、当該各号に定める地を管轄する家庭裁判所の管轄に属する。 　一　遺留分を算定する場合における鑑定人の選任の審判事件（別表第1の109の項の事項についての審判事件をいう。）　相続が開始した地 　二　（同左） 2　（同左）

第18節の2　特別の寄与に関する審判事件　　　　　　　　　　　　　　　　　（新設）

（管轄）
第216条の2　特別の寄与に関する処分の審判事件は、相続が開始した地を管轄する家庭裁判所の管轄に属する。

（給付命令）
第216条の3　家庭裁判所は、特別の寄与に関する処分の審判において、当事者に対し、金銭の支払を命ずることができる。

（即時抗告）
第216条の4　次の各号に掲げる審判に対しては、当該各号に定める者は、即時抗告をすることができる。
　一　特別の寄与に関する処分の審判　申立人及び相手方
　二　特別の寄与に関する処分の申立てを却下する審判　申立人

（特別の寄与に関する審判事件を本案とする保全処分）
第216条の5　家庭裁判所（第105条第2項の場合にあっては、高等裁判所）は、特別の寄与に関する処分についての審判又は調停の申立てがあった場合において、強制執行を保全し、又は申立人の急迫の危険を防止するため必要があるときは、当該申立てをした者の申立てにより、特別の寄与に関する処分の審判を本案とする仮差押え、仮処分その他の必要な保全処分を命ずることができる。

第233条　請求すべき按分割合に関する処分の審判事件（別表第2の16の項の事項についての審判事件をいう。）は、申立人又は相手方の住所地を管轄する家庭裁判所の管轄に属する。
2・3　（略）
第240条　（略）
2　扶養義務者の負担すべき費用額の確定の審判事件（別表第2の17の項の事項についての審判事件をいう。）は、扶養義務者（数人に対

第233条　請求すべき按分割合に関する処分の審判事件（別表第2の15の項の事項についての審判事件をいう。）は、申立人又は相手方の住所地を管轄する家庭裁判所の管轄に属する。
2・3　（同左）
第240条　（同左）
2　扶養義務者の負担すべき費用額の確定の審判事件（別表第2の16の項の事項についての審判事件をいう。）は、扶養義務者（数人に対

する申立てに係るものにあっては、そのうちの一人）の住所地を管轄する家庭裁判所の管轄に属する。
3〜6　（略）
別表第1　（略）

項	事項	根拠となる法律の規定
(略)		
109	遺留分を算定するための財産の価額を定める場合における鑑定人の選任	民法第1043条第2項
110	遺留分の放棄についての許可	民法第1049条第1項
(略)		

別表第2　（略）

項	事項	根拠となる法律の規定
(略)		
遺産の分割		
(略)	(略)	(略)
特別の寄与		
15	特別の寄与に関する処分	民法第1050条第2項
厚生年金保険法		
16	(略)	(略)
生活保護法等		
17	(略)	(略)

する申立てに係るものにあっては、そのうちの一人）の住所地を管轄する家庭裁判所の管轄に属する。
3〜6　（同左）
別表第1　（同左）

項	事項	根拠となる法律の規定
(同左)		
109	遺留分を算定する場合における鑑定人の選任	民法第1029条第2項
110	遺留分の放棄についての許可	民法第1043条第1項
(同左)		

別表第2　（同左）

項	事項	根拠となる法律の規定
(同左)		
遺産の分割		
(同左)	(同左)	(同左)
(新設)		
(新設)	(新設)	(新設)
厚生年金保険法		
15	(同左)	(同左)
生活保護法等		
16	(同左)	(同左)

巻末資料2　成年の範囲の見直し

　社会経済情勢の変化に鑑み、成年となる年齢及び女の婚姻適齢をそれぞれ18歳とする等の措置を講ずる必要があるとの認識のもと、民法の一部を改正する法律案が、平成30年3月13日に第196回国会（常会）に提出され、平成30年6月13日に参議院で可決成立、同20日に公布されました。

　参考として、主な改正の内容と、考えられる税実務等への影響をご紹介します。

(1) 主な改正内容
① 成年年齢の引下げ
　年齢18歳〔改正前：20歳〕をもって、成年とすることとされました。
② 婚姻適齢等
　婚姻は、18歳にならなければ、することができないこととされました。
　民法737条（未成年者の婚姻についての父母の同意）及び753条（婚姻による成年擬制）についての規定が削除されました。
③ 養親となる者の年齢
　20歳〔改正前：成年〕に達した者は、養子をすることができることとされました。
　民法804条（養親が20歳未満の者〔改正前：未成年者〕である場合の縁組の取消し）の規定の文言が改正されました。

　なお、この民法の一部を改正する法律は、所要の経過措置が定められたうえで、原則として平成34（2022）年4月1日から施行されます。

〔参考〕成年年齢の引下げに伴う年齢要件の変更について

18歳に変わるもの	20歳が維持されるもの
改正が必要なもの（「二十歳」などと規定）	改正が必要なもの（「未成年」などと規定）
○登録水先人養成施設等の講師（水先法） ○帰化の要件（国籍法） ○社会福祉主事資格（社会福祉法） ○登録海技免許講習実施機関等の講師（船舶職員及び小型船舶操縦者法） ○登録電子通信移行講習実施機関の講師（船舶安全法及び船舶職員法の一部を改正する法律） ○10年用一般旅券の取得（旅券法） ○性別の取扱いの変更の審判（性同一性障害者の性別の取扱いの特例に関する法律） ○人権擁護委員・民生委員資格（公職選挙法等の一部を改正する法律（平成27年法律第43号））	○養子をとることができる者の年齢（民法） ○喫煙年齢（未成年者喫煙禁止法：題名を改正） ○飲酒年齢（未成年者飲酒禁止法：題名を改正） ○小児慢性特定疾病医療費の支給に係る患児の年齢等（児童福祉法） ○勝馬投票券の購入年齢（競馬法） ○勝者投票券の購入年齢（自転車競技法） ○勝車投票券の購入年齢（小型自動車競走法） ○勝舟投票券の購入年齢（モーターボート競走法） ○アルコール健康障害の定義（アルコール健康障害対策基本法）
改正が不要なもの（「未成年者」などと規定）	改正が不要なもの（「二十歳」などと規定）
○分籍（戸籍法） ○公認会計士資格（公認会計士法） ○医師免許（医師法） ○歯科医師免許（歯科医師法） ○獣医師免許（獣医師法） ○司法書士資格（司法書士法） ○土地家屋調査士資格（土地家屋調査士法） ○行政書士資格（行政書士法） ○薬剤師免許（薬剤師法） ○社会保険労務士資格（社会保険労務士法） 等約130法律	○児童自立生活援助事業の対象となる者の年齢（児童福祉法） ○船長及び機関長の年齢（船舶職員及び小型船舶操縦者法） ○猟銃の所持の許可（銃砲刀剣類所持等取締法） ○国民年金の被保険者資格（国民年金法） ○大型、中型免許等（道路交通法） ○特別児童扶養手当の支給対象となる者の年齢（特別児童扶養手当等の支給に関する法律） ○指定暴力団等への加入強要が禁止される者の年齢（暴力団員による不当な行為の防止等に関する法律） 等約20法律

※ そのほか、恩給法等の一部を改正する法律（昭和51年法律第51号）、児童虐待の防止等に関する法律、インターネット異性紹介事業を利用して児童を誘引する行為の規制等に関する法律等についても規定の整理を行った。

（出典：法務省資料「成年年齢の引下げに伴う年齢要件の変更について」）

(2) 考えられる税実務等への影響
① 法律行為等の規定

民法5条（未成年者の法律行為）及び6条（未成年者の営業の許可）など、文言の改正のない条文については、成年年齢の引下げの改正に伴い「未成年者」は「18歳未満の者」を意味することとなります。

民　法

（未成年者の法律行為）
第5条　未成年者が法律行為をするには、その法定代理人の同意を得なければならない。ただし、単に権利を得、又は義務を免れる法律行為については、この限りでない。
2　前項の規定に反する法律行為は、取り消すことができる。
3　〔略〕

改正後は、原則として、18歳から法律行為を単独ですることができます。そのため、学校教育の現場において、契約に関する事項（意義、権利、義務等）のほか、保証と連帯保証との相違等、一定の事項を授業内容に含める必要があるでしょう。

② 遺産分割協議

未成年者の親権者が共同相続人であり、その子とともに遺産分割の協議に参加する場合、民法826条（利益相反行為）の規定により特別代理人の選任を要します。

この条文は、未成年の子を保護するための規定であり、今回の成年の範囲の見直しに伴い、18歳未満の者について適用されることとなります。

民　法

（利益相反行為）
第826条　親権を行う父又は母とその子との利益が相反する行為については、

> 親権を行う者は、その子のために特別代理人を選任することを家庭裁判所に請求しなければならない。
> 2 親権を行う者が数人の子に対して親権を行う場合において、その一人と他の子との利益が相反する行為については、親権を行う者は、その一方のために特別代理人を選任することを家庭裁判所に請求しなければならない。

(3) 今後改正の可能性がある事項

民法の規定による成年に達したものとされる法律上の効果については、民法以外の法律の適用に関しては、それぞれ他の法律の立法趣旨に応じて適用されるかどうかを判断することとなっています。

例えば、下記①～⑤のように、「未成年者」、「20歳未満」、「20歳以上」等の文言が含まれている税務上の制度や措置については、今後、改正の要否が検討されることとなるでしょう。

① 未成年者控除

未成年者控除とは、相続人が未成年者のときは、相続税の額から一定の金額を差し引くことができる制度です。

現行の相続税法上、未成年者控除を受けられるのは、相続又は遺贈により財産を取得した者が **20歳未満**、かつ、一定の要件を満たした場合であり、控除額はその未成年者が **満20歳** になるまでの年数1年につき10万円で計算した額と規定されています（相続税法19の3）。

② NISA

一般NISA、つみたてNISA、ジュニアNISAについて、現行制度における対象者はそれぞれ次のとおりです（租税特別措置法37の14、37の14の2）。

　一般NISA・つみたてNISAの対象者：口座開設の年の1月1日において
20歳以上の居住者等

　ジュニアNISAの対象者：口座開設の年の1月1日において**20歳未満**又はその年に出生した居住者等

③ 地方税（平成30年度税制改正）

平成30年度税制改正において、障害者、**未成年者**、寡婦及び寡夫に対する個人住民税の非課税措置の前年の合計所得金額要件が135万円以下〔改正前：125万円以下〕に引き上げられています。

④ 相続時精算課税制度

相続時精算課税制度とは、原則として60歳以上（贈与をした年の1月1日現在）の父母又は祖父母から、**20歳以上**（贈与を受けた年の1月1日現在）の子又は孫に対し、財産を贈与した場合において選択できる贈与税の制度です。

⑤ 住宅取得等資金に係る特例

直系尊属から住宅取得等資金の贈与を受けた場合の非課税の特例について、贈与を受けた年の1月1日において、**20歳以上**であること等一定の要件を満たした受贈者が特例の対象となります。

〔参考〕平成30年度税制改正大綱（平成29年12月14日）

> 第三　検討事項
> 12　現在、政府において、民法における成年年齢を20歳から18歳に引き下げるとともに、他法令における行為能力や管理能力に着目した年齢要件を引き下げる方向で法改正に向けた作業を進めているところである。税制上の年齢要件については、対象者の行為能力や管理能力に着目して設けられているものであることから、民法に合わせて要件を18歳に引き下げることを基本として、法律案の内容を踏まえ実務的な観点等から検討を行い、結論を得る。

【著者紹介】

上西　左大信（うえにし　さだいじん）
　上西左大信税理士事務所所長、税理士

〔著者略歴〕
　1957年　大阪市生まれ
　1980年　京都大学経済学部卒業
　1985年　松下政経塾卒塾

　日本税理士会連合会・調査研究部特命委員、同・税制審議会専門副委員長、償却資産課税のあり方に関する調査研究委員会委員（以上、現任）、政府税制調査会・専門家委員会特別委員、税理士試験（第61回・第62回・第63回）試験委員、中小企業政策審議会臨時委員、政府税制調査会特別委員、法制審議会民法（相続関係）部会委員　他

〔主要著作〕
　「Q&A実務に役立つ法人税の裁決事例選」監修　清文社　2018年
　「今年の税制改正のポイント」共著　清文社　2006年〜2018年の各年
　「新版　税務会計学辞典」分担執筆　中央経済社　2017年
　「スキャナ保存制度」共著　税務研究会　2016年
　「自主点検チェックシートの完全ガイド」編著　税務研究会　2015年
　　　　　　　　　　　　　　　　　　　　　　　　　　　　　他

本書の内容に関するご質問は、ファクシミリ等、文書で編集部宛にお願いいたします。(fax 03-6777-3483)
　なお、個別のご相談は受け付けておりません。

本書刊行後に追加・修正事項がある場合は、随時、当社のホームページ
(https://www.zeiken.co.jp) にてお知らせいたします。

税理士が知っておきたい　民法〈相続編〉改正 Q&A

平成30年 9月28日　初版第一刷印刷　　　　　　　　（著者承認検印省略）
平成30年10月17日　初版第一刷発行

ⓒ　著　者　　上　西　左大信
　　発行所　　税　務　研　究　会　出　版　局
　　　　　　　週刊「税務通信」「経営財務」発行所
　　代表者　　山　根　　　毅
　　郵便番号 100-0005
　　東京都千代田区丸の内 1-8-2 鉄鋼ビルディング
　　振替 00160-3-76223
　　電話〔書　籍　編　集〕03 (6777) 3463
　　　　〔書　店　専　用〕03 (6777) 3466
　　　　〔書　籍　注　文〕
　　　　〈お客さまサービスセンター〉03 (6777) 3450

各事業所　電話番号一覧		
北海道 011(221)8348	神奈川 045(263)2822	中　国 082(243)3720
東　北 022(222)3858	中　部 052(261)0381	九　州 092(721)0644
関　信 048(647)5544	関　西 06(6943)2251	

＜税研ホームページ＞　https://www.zeiken.co.jp

乱丁・落丁の場合は、お取替え致します。　　　印刷・製本　東日本印刷株式会社

ISBN 978-4-7931-2374-0

週刊 税務通信 データベース付き

週刊 税務通信（データベース付き）	51,840 円（税込）
（週刊税務通信と税務通信データベースのセット契約）	※平成30年3月現在の金額となります。

最新の**税務系法令・通達**を収録【72本】※

※平成30年3月現在

法律・政省令・通達を網羅。

法人税法関係、所得税法関係、租税特別措置法関係、消費税法関係、相続税法関係、国税通則法関係、地方税法関係、会社法関係、財産評価基本通達、耐用年数通達…etc

記事内のリンクをクリック、その場で確認！

記事本文、条文に関連法令の記述がある場合、該当する法令ページに直接リンクが張られています。（法令は法令集に収録されているもの）

改正履歴もすぐわかる！

記事本文から法令集へのリンクは年度別に指定されているため、新法と旧法の比較も簡単にできます。

条文がスラスラ読める！括弧編集機能付き！

条文のかっこを、一時的に非表示にする機能、階層ごとに色分けする機能があります。

その他、新旧対照表も収録。法令集内で条番号指定検索もできます。

お問合せ お申込先	株式会社 税務研究会 お客さまサービスセンター	〒100-0005 東京都千代田区丸の内1-8-2 鉄鋼ビルディング https://www.zeiken.co.jp TEL.03-6777-3450